東方選書

妻と娘の唐宋時代

史料に語らせよう

東方書店

まえがき

本書は中国の唐宋時代（七〜一三世紀）を舞台に、妻と娘の歴史に焦点を当てた研究の紹介です。全体で七章からなっていますが、これはいわば七通の招待状でもあります。宛先は、中国史に興味のある方、そしてもう一歩踏み込んで中国史を勉強してみたい方です。具体的にいえば、大学史学科の新入生や受験生、あるいは心機一転、中国史を勉強してみたい社会人の方などでしょうか。やる気さえあればどなたでも歓迎いたします。本書では、中国史という分野の研究に足を踏み入れるきっかけを提供したいと思っています。そのためにここでは二点に焦点を絞りました。一つは唐宋時代の女性史、家族史、とくに妻と娘の生き方の問題で、もう一つは彼女らに関わる当時の史料の紹介です。このように焦点を絞ったきっかけから、以下、順に述べてみます。文体もちょっと論文調に変えることにします。

一

まず、妻と娘の問題、広い意味での女性史に焦点を絞った目的について。

だいぶ昔、二五年ほど前の話である。中国からの女子留学生Cさんと知り合いになった。いまほど留学生がおらず、中国の情報もまだ少なかった時代である。私は中国の現状について知りたいことがたくさんあったので、いろいろと教えてもらっていた。その正月、彼女は「皇居の一般参賀に行ってきました」という。天皇が国民に向かって新年のあいさつをする、例年の行事である。私はここでまず驚いた。あのころの中国ではまだ抗日教育が徹底していたから、日本の天皇は中国侵略の象徴だと教えられていたはずである。その新年祝賀の行事に中国人が出かけていくというのは、かなり違和感があった。しかし彼女は参賀に出かけ、面白かったという。これだけでも時代は変わったと思ったが、もう一つ彼女からの質問は興味深いものだった。「天皇さんがあいさつしたのに、皇后さんは何もいわなかった。どうしてでしょうか」と。なるほど中国人はそこを突いてくるのかと妙に感心した。男女平等の理念を打ち出している中国では、妻が一歩下がって夫についているだけという姿など想像できなかったのであろう。Cさんは、天皇と同じように皇后も何かあいさつするはずだと期待していたに違いない。けれども期待はみごとに裏切られた。

この話には現在の日本と中国の女性が置かれている立場の違いがよく現れている。日本の夫婦関係では、たとえば夫を「主人」、妻を「家内」とよぶ、性別の立ち位置を表す呼称が使われている。しかし中国ではそのような呼称は一般的ではない。「妻」を日中辞典で引くと「家里的」とか「内人」という語も出てくるが、実際の会話ではほとんど耳にしたことがない。かつては「愛人」という言葉もあったが、いまは「妻子」が普通であろうか。夫は「丈夫」で、やや男性性を強調している気もするけれど、夫婦はほぼ対等な呼称となっている。ではこうした対等な関係はいつからのものであろうか。一九四九年に成立した中華人民共和国による改革の成果ではあろうが、単純にそれだけとは思えない。日本とは異なる夫婦の関係性があったのではないだろうか。これは私が中国の女性史・家族史を考えてみる、一つのきっかけとなった。

　このきっかけをさらに後押ししてくれたのは、本書のコラムでも取り上げている、日本で上映された数々の中国映画である。ことに陳凱歌・張芸謀など、文化大革命以後にデビューした、いわゆる第五世代の監督たちの映画は強烈であった。『黄色い大地』『紅いコーリャン』『初恋の来た道』など、どの作品も色彩にあふれ、活気に満ちていた。そこで活躍する女優たちの輝きは、邦画ではすでに色あせてしまったものだなと感じ入った。なかでも印象的だったのは、劇中に描かれた中国女性の生き方である。コン・リー（鞏俐）などが演じる主人公は、救いのない貧困、親に売られた娘、政治に翻弄される人生など、抑圧され、悲惨な境遇に置かれた女性たちであった。そうした境遇にもかかわらず、彼女らは強くしたたかに生き抜いていた。こうした主人公はもちろん創作された人物像である。けれども、抑圧された主人公がたくましく生きているというストーリーは相応の現実を反映しているのであろう。中国の観客たちは自分の経験に重ねて、こうした主人公の生き方に拍手を送ったのだ。そこで考えてみると、これは現代のみの問題ではなく、まさに歴史の問題である。長い間、男性が主導権を握って政治や経済を動かしてきた一方、女性たちは表舞台から遠ざけられ、抑圧され続けてきた。けれども、彼女らは圧力に負けず、家族や社会を支え、動かしてきたのである。では、そうした女性たちは歴史の史料にどのように描かれてきたのか、研究してみたいと思うようになるのである。

ここで付け加えておけば、これは中国史だけの問題ではない。日本にも同じように抑圧されながら強く生きてきた女性はたくさんいる。しかし現代の彼女らの置かれた位置は中国と開きができている。それは世界のジェンダーギャップ調査などにも現れている。こうした現実の違いは是非とも考えてみたい問題である。その重要な視点を提供するのが、前近代の先進国、中国の女性史である。そこではいち早く女性を差別する思想が生まれ、政治や社会の仕組みが整えられ、そうして日本にも輸出された。とすれば中国の歴史を考えることは日本を考えることにも通じている。中国史を知ることは日本の歴史と現在を考えるヒントになるであろう。

以上が本書の一つめの焦点である。ただし私は中国女性史全体を論じるだけの能力を持ち合わせていないので、とりあえず唐宋時代に問題を絞らせていただいた。

二

次に、もう一つの焦点、史料の問題がある。これも私の経験から始めたい。

私が長年奉職していた大学の入学試験では、かつて二次試験がおこなわれていた。内容は筆記試験と面接。このうちの面接は教員にとってある意味で貴重な経験の機会であった。緊張している受験生と一問一答形式の対話をしていると、そのときどきの受験生たちの考えていることがよくわかった。教員側からの質問は多岐にわたるが、定番の質問に「歴史小説と歴史学の違いをどう考えますか」というものがあった。史学科を目指すからにはそのくらいの知識、常識はあるだろうと教員は思っているから、いわばサービス的な質問である。けれども、これが案外答えられなかった。返答に窮して黙りこんでしまう受験生もおり、これをやさしくフォローするのも面接担当者の役割ではあったが。ともあれ小説と歴史学の区別がつかないということは、つまり、その受験生は史学科に入れば歴史小説が書けるようになるとでも思っているらしい。そうでないとしても小説を読むように面白い講義が待っていると、漠然とであろうが予想しているように思えてくる。こうなると説教好きな教員の出番である。あれこれと解説ならぬ説教をはじめ、そうこうしているうちに面接の持ち時間はたちまち過ぎ去ってしまうのだった。この場面で教員が期待した模範解答は、たとえば次のようなものである。小説は作家が想像の翼を精一杯はばたかせて書き上げるものだが、歴史学は基本的に想像の世界を排除する。歴史学はあくまでも史料に基づいて、ある意味では禁欲的に歴史像を追究する学問である、と。

こう書くと歴史学なんて堅いばかりで面白くないのでは、と思われるかもしれない。大急ぎで付け加えれば、歴史学には歴史学なりの面白さが山ほどあふれている。それは何だろうか。端的にいうと、史料を読み解く、いわば謎解きのような楽しさであり、そうしてそこから歴史像を組み立てる面白さである。史料は人の手になるものだから、当然人間味にあふれている。法令集や制度の解説書のような本では無味乾燥な文章ももちろんある。それらにはそれなりの面白さがあり、読み方次第であるけれど、そこはしばらくおく。一般に個々人の文章には著者独特のクセがあるし、著者の価値観や願望、それに思い込みも入っていたりする。そうした史料を一語一語解読してゆくのである。時空と言語の壁を乗り越え、文意を理解するにはそれなりの苦労があるが、それは仕方がない。苦労がなければ楽しみも少ないのだから。そうして、はるかな時間と空間を飛び越えて、私たちは史料を残した人々と思いを共にすることができる。人間、考えることは同じだなと思うこともあるし、こういう考え方もあったのかと腑に落ちることもある。どんなテーマであれ共感が得られた(と思った)ときは、この上なくうれしいものだ。

ちなみに私の経験をあげれば、半世紀ほど前、切羽詰まって卒業論文らしきものを書いていた。そのとき読んでいた史料(北宋の司馬光『資治通鑑』)で「多少ノ勝敗ハ兵家ノ常ナリ」という、きわめてありふれた、そして単純な一文に出会った。目の前の卒論だけでなく、将来に不安を抱えていた私は、この言葉にただただ共感してしまった。私は「兵家」ではないけれどもそこを別の言葉に置き換えればよいのだ。「受験生」でも「学生」でもよい。あるいは「教員」でも「会社員」でも同じである。そうだ、生きていれば失敗も成功もあるよな、と妙に納得し、思わず肩の力が抜けたことだった。

こんなささやかな経験が私の出発点であった。それ以来、漢文史料と格闘し続けて現在に至っている。この過程で多くの興味深い史料に出会い、そのたびに自分の世界が広がってきた。本書ではそうした史料の一端を紹介したい。というよりも史料自身に語ってもらおうと思う。テーマはもちろん前述の女性にかかわる問題である。もとより史料のほとんどは男性が書き、それゆえ男性中心の記述が主だが、実は女性の姿が垣間見える文章も多い。「歴史の裏に女あり」ではないけれど、行間に女性がいるのではないか、「彼」の行動を操っている「彼女」の影がみえるのではないか、などと視線を研ぎ澄ますのである。

またその際、史料の選択も重要である。本書でしばしば使っている、判決文集、家訓、「小説」史料などは比較的女性が多く登場する史料である。そのうえで記事の片隅にまで目を配り、女性に関する話題はもちろん、彼女らが生きていた痕跡や舞台を何とか探し出そうと試みるのである。すると必ず何か気がつくことがある。これらを糸口に、歴史上の女性のあり方を考え、当時の社会を考えてゆく。

ただし本書に取り上げた史料は、概説書などではほとんど触れられることがないものである。その理由はいくつかあろうが、分野が特殊だったり、歴史事実の究明にはふさわしくない史料だとみなされたりするからである。また学界でも読み方が一致していない難解な文章が含まれていることも大きな理由になる。本書では、こうした史料も〈独断と偏見〉であえて取り上げている。私の解釈が誤っている可能性もあるが、その判断は読者にゆだねるしかない。私にとっては冒険であるけれど、緊張感がなければ著者としての面白さがないのも事実である。

本書は各章ごとに独立し、妻と娘に関わる史料を取り上げている。それぞれに一応の結論は出しているが、まだまだわからないことだらけである。それを研究し、新しい歴史像を作るのは、これから研究を始める人々である。とくに若い人たちの斬新な視点と熱意に、大いに期待している。もし本書がそのきっかけを提供できたならば、中国史研究者としてこのうえない喜びである。

目次

序章

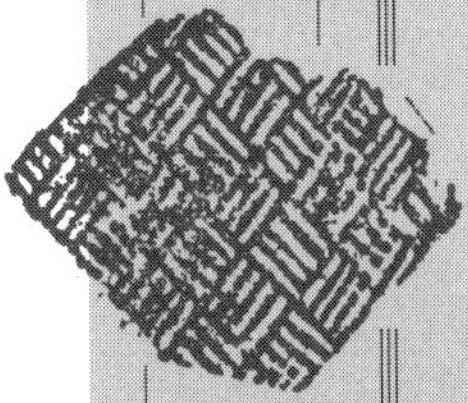

働く女たち——唐宋時代史料論も兼ねて

はじめに

以前、中国のとある重点大学で講義を依頼され、教養課程の学生を相手に中国史を講義したことがあった。講義の途中、ある学生が手をあげた。質問があるようだ。日本の大学ではあまり経験したことのない状況だが、さすが中国と思って彼の発言に耳を傾けた。質問は、古代史の史料はとても少ないのに、どうして当時の社会全般が理解できるのか、という、歴史学にとって根本的な、そして鋭い質問であった。やはり重点大学の学生は違うなと感心し、また内心あたふたしながらも次のように答えた。たしかに歴史研究の史料は少なく、きわめて偏っている。しかし史料が多ければ歴史がわかるというものでもない。現代史などは史料が多すぎて、本質に迫るのはかなり困難である。要はその偏った史料をどのように深く読み、そこからいかに豊かな内容を汲み取ってゆくかである、と。彼からはそれ以上の質問は出なかったので、納得してくれたのであろう。

あらためて考えれば、中国史に限らず歴史を研究するための史料には多くの制約があり、バイアスがかかっている。それは文字がほんの一部の人間に独占されていたことがもっとも大きな原因である。この一部の人間とは、上流階級の知識人であり、キャリア官僚であり、大部分は男性である。そうして彼らの頭のなかは当時の価値観で染め上げられていた。中国の場合はたとえば儒教的価値観が大きな位置を占めている。これが男性中心の視点となり、男尊女卑の出発点となる。さらにそれは儒教以前からあったであろう「男耕女績(織)」といった性別分業を権威づけることにもつながっていた(たとえば上田早苗氏「漢代の家族とその労働――夫耕婦績について」)。この他、知識人の立場から一般庶民を善導の対象とみなす〈愚民〉観(宋代の〈愚民〉観の実態については大澤編著『主張する〈愚民〉たち』参照)や頭脳労働を尊重し肉体労働を差別する労働観もある。中国の史料にはこのように幾重にもバイアスがかかっている。私たちはこうした史料を研究材料としているのであり、そのバイアスをいかに修正し、歴史の核心に迫るかが問われている。本章ではこのような史料の偏りがどのようなものかを確認しながら、歴史社会の現実を把握する道を探ってみたいと思う。テーマは女性の労働であり、女性と生業との関わり方である。

ところでこの生業という概念はかなり幅が広い。売春婦や芸妓といった職種も生業であり、これは女性が単独で労働する場合である。しかし家族の一員として労働する場合も生業といえよう。ここでは、生業を家族ないし個人が生活を支えるための労働ととらえ、なかでも生産や流通に関わるものに限定することとする。中国では古来、家の外での労働に女性が従事することは認められなかった。それが内と外の区別であり、男は外、女は内という性別分業のイデオロギーである。以下、唐宋時代を中心とする女性と労働、そして生業との関わり方を、史料のあり方と関連させて考えてみたい。

一――唐宋時代の史料――その限界と可能性

本節では絵画・文献史料に表われているバイアスの例と、にもかかわらずそこから歴史の現実を読み取るための視点を例示してみよう。

まず、現実を写しているはずのヴィジュアル史料、絵画史料が格好の材料である。これらは絵画である以上、現実に忠実だと考えられがちである。けれども、女性の労働に関してはバイアスがかかっている。たとえば宋代に描かれた有名な『清明上河図』と『耕織図詩』という絵画がある。前者の絵巻物は、宋代の開封の様子を描いた作品とされ、世界史の教科書にも紹介されている。河港周辺の様子を中心に、繁華街から郊外の荘園に至るまでの風景と人々の生活の様子を生き生きと描いている。ときには虫眼鏡を使いながらじっくり観察していくと本当に飽きることがない。しかしこの繁華街の画面から女性を見つけ出すのは意外に困難である。佐竹靖彦氏が注目しているように(「《清明上河図》為何千男一女」)、登場人物の性別は「千男一女」なのであった。つまり登場人物は男性が主体なのである。街で働いている女性の姿はごく少数で、家のなかや荘園の中庭などに子供といっしょに描かれているだけである。ではこのような風景が当時の実際の様子として事実であったのかと問われれば、そんなことはない。具体的な例をあげるまでもなく、いくつかの史料に当時の街なかにいる女性が記述されていた。とすれば『清明上河図』が描き出した風景にはある意図があったことになる。それは、女性は家のなかにしかいないことにするという、画家の暗黙の了承である。街で、つまり家の外で働いたり、出歩いたりしている女性は原則として描かないという明確な姿勢であった。画家は、女性は外に出るべきではないと考え、それを絵画として表現していたのである。

さらに女性の農業労働を描かない絵画史料が楼璹《ろうしゅう》『耕織図詩』である（渡部武氏『中国農書「耕織図」の流伝とその影響について』、中国農業博物館編『中国古代耕織図』など参照）。これは文字通り、耕（農業）と織（養蚕・絹織り）についての図と詩である。宋代の原画は失われているが、元代以降、清代まで模写され続けた図は残っており、原画の構図が継承されていると考えられている。それをみると、耕図の登場人物はほとんどが男性、織図は女性が主体である。織図はしばらくおき、耕図をもう少し詳しくみると、農作業に従事しているのはもっぱら男性で、少数ながら女性と子供が描かれている。たとえば、除草と風選（もみ殻と穀粒のより分け作業）の図をみよう［図1・2］。ここでは清代の『耕織図』（康熙三五年序『佩文斎耕織図』）を用いる。除草の［図1］では、女性と子供が、農作業にいそしんでいる男性たちのために昼食を運んでいる様子が描かれている。風選の［図2］では、作業に従事する男性の後方で、女性と子供が穀粒に混じった藁などのごみを取り除いている。これらの図で女性は労働の主体となっておらず、あくまで男性への奉仕や補助的作業をおこなう存在である。『耕織図』の耕図は全部で二三図あるが、女性が描かれているのはわずかに三図、うち二図がここに掲載したものであった。では現実の農作業ではどうかといえば、後述の通り、女性も主要な労働の一部を担っていた。けれども、そうした様子は描かれていなかったのである。こ

［図1］『耕織図』の除草の図

［図2］同上　風選の図

こから考えられるのは『耕織図詩』が、中国古来の「男耕女績（織）」の理念――生業における性別分業――を絵画に表したということである。現実に女性が農作業に参加していたことは明らかであるにもかかわらず、宋代の絵画史料には描かれていなかった。

これに対して、女性が実際の農作業をおこなっていた様子を示す、魏・晋代（三世紀）の絵画史料がある。嘉峪関《かよくかん》（現在の甘粛省）の壁画墓に残された農作業図である［図3・4］（甘粛省文物隊ほか『嘉峪関壁画墓発掘報告』）。そこには耕起後の種まき［図3］と風選の際の麦束の手渡し作業［図4］に加わっている女性が描かれていた。この図でみるかぎり、女性が主要な農作業を担っていたとはいえないが、一連の労働過程のなかに組み込まれていたことは推測できる。つまり嘉峪関墓の壁画からは、『耕織図詩』のような、明確な性別分業の意図が読みとれないのである。この対比によって、時間の経過とともに、現実とは異なる、理念に沿った情景が描かれるようになっていたことがわかる。

こうして絵画史料のバイアスが明らかになった。それは文献史料であっても基本的な違いがない。たとえば正史である。唐代であれば『新唐書』『旧唐書』、宋代であれば『宋史』など。これらはいわば王朝公認の歴史書で、権威を持っていた。その内容は、皇帝ごとの歴史である本紀、儀礼・地理・経済などのテーマごとに記述された志、個人別に記録された列伝などとなっている。これらの記事で女性が主体として記述されている部分はほとんどない。唐代には則天武后の時代があったので彼女に関わる記録はあるが、その他では皇后や公主（皇帝の娘）に関する記録および道徳的に評価される女性の伝記（列女伝）が収録されているくらいである。圧倒的大部分が男性主体の歴史記述であった。彼らの活動に付随する形で母や妻・娘が登場することはもちろんある

［図3］嘉峪関壁画墓の犂耕―播種―覆土の図

［図4］同上　風選の図

が、あくまでも付随した記録であった。

このような状況は他の〈正統的〉な史料でもほぼ同様であり、例をあげるまでもない。けれども、逆に〈正統的〉でない史料に着目すれば、女性の活躍の様子をうかがうことができる。たとえば後にあげる『太平広記』『夷堅志《いけんし》』のような小説史料がある。ここにいう小説とは言葉の本来の意味での「小説」で、「ちっぽけな、つまらない話」というジャンルである。具体的には神話・伝説、聞き書き、随筆およびフィクションなどが含まれている。『太平広記』は古代から唐・五代までの小説を集めた本として知られ、「婦人部」という項目も立てられている(塩卓悟・河村晃太郎氏『訳注　太平広記　婦人部』)。また『夷堅志』は南宋時代の志怪小説(不思議な出来事を記した小説)として著名である(斉藤茂氏他訳注『「夷堅志」訳注』など参照)。これらには、あくまでも相対的にであるが、多くの女性の活躍が描かれている。それらの例は後に取り上げることにする。

ともあれ、私たちが史料を読み込んで女性の活動を把握しようとする場合、大きな困難が待ちかまえていることは疑いない。けれども、この困難を乗り越えようとする研究もおこなわれている。研究の可能性を示す、若干の例をあげてみよう。

たとえば文献史料に登場する女性の割合を分析した研究がある。南宋の『夷堅志』と『名公書判清明集』(以下『清明集』と略称)に関する研究で、それぞれに登場する女性の割合を統計的に研究したものである。それを紹介する前に、あまり有名ではない両史料について触れておかねばならない。『夷堅志』は洪邁《こうまい》(一一二三〜一二〇二年)の著書で、当時彼が聞いた噂話などを書きとめたものである。いわば新聞の三面記事の集成であり、伝統的価値観による評価が高い正史とはまったく異なる性格の史料である。それゆえ取るに足りない書物とみなされてきた。このため伝来の過程でまともに扱われず、当初発行された巻数の半分しか現存していない。その反面、こうした本書の性格上、知識人や上流階層だけでなく、庶民に関する話題も豊富である。一般社会を研究するための貴重な情報源である。一方、『清明集』は南宋時代におこなわれた裁判の判決文や判決原案を切り貼りして主要テーマごとに分類したものである。編者は未詳。「名公」と評価された地方長官と属僚(行政官であるが、裁判も担当した)の判決文を分類、整理することで、新たに判決文を作成する際の参考書にしようとしたものである。価値観からすれば『夷堅志』とは対照的な書物であるが、何らかの事情で散逸し、明版の完本が発見されたのは一九八〇年代になってからであった。民間の裁判に出された判決文も多いから、そこにあらゆる階層に属する人々が登場していたことはいうまでもない。

さて『夷堅志』については上悠紀氏が数量的統計の手法を用いて研究した。それによれば、記事の全項目(タイトル)数は二七五三話で、そこに登場する人物は五四七〇名、うち女性は三三九名であった。男性の数が圧倒的である。これだけをみれば、やはり史料の視点は偏っていたのだと結論を出してしまうかもしれない。しかしそこには見落としがある。ここで数えあげた人物はすべて具体的な名前があげられている人物なのである。当然〈名も無き〉庶民は含まれていない。上氏はそれでは実態が把握できないと考え、〈名も無き〉女性も数え上げることにした。つまり名前は出ていないが、誰それの母とか何某の妻などと書かれている登場人物をも網羅してみたのである。その結果、全体の四八・七パーセントのタイトルに女性が登場しており、二一九三名もの実在の女性を数え上げることができたのであった。男性数に比べると半数弱であるが、それでも他の史料にはみられない大きな数値で、『夷堅志』ならではのものといえる。〈名も無き〉男性の数は、残念ながら数えられなかったけれども、おそらく女性の数ほどではなかっただろうと予想された。男性は通称ではあれ固有名詞が与えられていたからである。つまり、上氏が明らかにしたのは、『夷堅志』には他の史料よりもはるかに多くの女性が登場し、活躍していること、にもかかわらず、史料の表面をみる限りでは男性が圧倒的多数を占めているという事実であった。このように相応の数の女性が描かれているという意味でも『夷堅志』は特別な史料である。けれども、このような史料が存在するのは事実であり、これまで誰もその視点を持って読んでいなかっただけである。これをもとにして研究すれば、当時の社会のあり方が、ジェンダーによるバイアスをかなり減らした形で把握できると思われる。

これより前、私は『清明集』を統計的に研究した。その一部として、登場人物の名前を手がかりに女性の数を数え上げてみた。そうした作業をおこなったのは判決文の性格上、原告・被告あるいは証人が、女性であっても特定の名前(通称の場合が多い)によって記されているという事情があったからである。統計をとってみると、全体の人名数は二三八〇名で、うち女性は二八四名、わずかに一割強である。これが当時の判決文という公文書における女性の地位であった。実際におこなわれた裁判の原文書にこの程度の女性しか登場していないのであるから、当時の裁判の現場はやはり男性中心であった。それは当然である。女性は原則として家の責任者とはされなかったから裁判においても主体となりにくかった。こうした現実を踏まえれば、前掲の数値はかなり大きいといえるのではないだろうか。さらに、この内訳を詳細にみると、また違った風景がみえてくる。

『清明集』で分類された項目(〇〇門および全体で七門あった)ごとにみてみよう。そこには大きな差があった。女性数が最多の人倫門での割合は二二・八パーセント、次に多いのが戸婚門で一四・四パーセントである。人倫門は倫理道徳に関わる裁判の判決文で、「妻が夫にそむき舅《しゅうと》に逆らったので断罪して離婚を許す」(巻一〇)とか、「嫁が舅に悪い評判をたて、罪を免れようと企む」(同前)といった題名を付けられた判決文が収録されていた。これらの裁判では、当時の道徳を守らない女性——妻や嫁——が処罰されていたのである。もちろん、女性を処罰するような裁判だけではなく、男性が処罰されている判決も多く収録されていた。とはいえ人倫門は女性の占める割合が飛びぬけて高かった。このことは何を意味しているのだろうか。

史料を詳細にみれば、そこに登場する女性はすべてが被告というわけではなく、原告や証人あるいは彼女らと関連ある女性もかなりいた。そのため女性の比率が高くなっていたのである。そうして人倫門の判決文は家内の問題を多く扱っていた。一般に宋代のような家父長制を原則とする社会では、家内の問題は家父長が取り仕切り、外には出ないと考えられてきた。つまり家内の問題が裁判に持ち出されることは基本的にあり得ないのである。しかし『清明集』の判決文類では家内・宗族《そう》（男系の一族）内の訴訟が頻発していた。この状況を端的にいえば、当時は家父長制社会とされながらも、家族内部において家父長が女性を統制できていない現状があったことになる。家父長は自分の手に負えない女性を、国家権力にすがって、つまり裁判に持ち込んで抑えつけてもらわざるを得なかった。これが現実であった。人倫門の判決文にはそのような事情が反映されていた。

同様に、戸婚門での女性の多さも説明できる。この項目は、家族・宗族内部での財産争い、あるいは家の後継者問題に絡む裁判の判決文を集めたものである。ここに女性が多く登場するということは、財産・後継者争いの当事者として女性が存在していた事実、あるいは彼女らの存在を無視できなかった事実を示している。もちろん当時の理念からいえば、基本的に女性には財産権が認められておらず、後継者の指名における決定権も限定的だったことになっている。けれども表に出ない部分では女性の圧力が強かったし、それがある程度まで法律にも反映されていた。たとえば家父長が死んだあとは寡婦となった妻が家父長の役割を果たすことが認められていた。4章に取り上げた「女親分《ボス》」はこの実例である。このような事情から、いったん遺産相続や後継者問題が起きると、女性が存在感を発揮し、判決文にも登場することとなったのである。

以上のように『夷堅志』『清明集』に登場する女性を検討することで、史料の表面上には出てこない女性のあり方が理解できる。つまり一般的な文献史料では、女性が主体となった記述は少ないけれども、史料の性格を考え、また視角や読み方を変えることによって、女性の動きが見えてくる史料もあった。私たちはこのような史料を探し出し、あるいは視点を変えることで、女性の活動を知ることができるのである。

さきにみたように、宋代の絵画・文献史料には明確なバイアスがかかっていた。それは唐代の史料でも同じである。私たちは、農業労働をはじめとする生業を研究する場合、女性が史料上に記述される機会はきわめて少なかったことをしっかりと踏まえておく必要がある。

二——女性が従事する生業（1）——生業、家業一般について

史料にかけられたバイアスが大きかったとはいえ、生業に従事する女性の実態がまったくわからないわけではない。高世瑜氏が取り上げている唐代の詩（小林一美氏他訳『大唐帝国の女性たち』）や游恵遠氏（『宋代民婦的角色与地位』）・田嶋美喜氏（「宋代の小農経営における女性労働」）・寧欣《ねいきん》氏（「唐代婦女的社会経済活動」）が取り上げた唐宋時代の史料などからは女性の活動の様子がうかがえる。ただこれらの研究では史料の性格に注意しなかったため、記事の羅列に終始する結果になってしまった。惜しまれる点である。たとえば高・田嶋氏は非常に多くの詩を引用している。けれども詩を歴史研究に用いるのはかなり厄介である。詩は写実的な作品ももちろんあり、古川末喜氏『杜甫農業詩研究』のような詩を題材にして農業の現実を研究した成果もある。しかし一方では、古典からの典拠を多用している作品や、作者の想像で詠まれる作品もある。個々の詩句が現実の情景かどうか、にわかには判断しがたい。このため私はあえて詩句を引用することはしていない。

このように依拠すべき史料が詩句なのか、国家の法令なのか、あるいは小説史料なのかなど、その性格によって、記された実態の位置づけはまったく異なってしまう。また女性の労働の家内での位置づけも考慮されるべきである。本節では、これらの点に注意して、限られた史料を紹介

してみたい。ただし史料の性格を踏まえれば小説史料などが中心とならざるを得ない。
まずみておきたいのは生業一般についての史料である。南宋の人、袁采《えんさい》の『袁氏世範』という家訓があり、かつて私はこの史料を研究したことがある(『南宋地方官の主張』第二部)。そこには当時の現実社会における女性の活躍がうかがえる、次のような記述がなされていた。まず女性と「外事」の関わりについてである。ここにいわれる「外事」とは家の外での仕事であるが、生業とほぼ同意である。

〈婦人は家庭外の事にかかわるな〉と一般にいわれるのは、思うに、夫と息子が有能であれば外事にかかわる必要がない、ということをいっているのであろう。もし夫と息子が有能でなく、婦人の耳目を覆い隠すなら、どうなるか知れたものではない。……だから夫が無能な場合、彼らに外事にかかわるよう求めても何の役にも立たないのだ。……息子が無能な場合、彼らに外事にかかわるよう求めても何の役にも立たないのだ。この状況こそ婦人の大不幸である。これをどうしたらよいのか。いやしくも夫たる者はその妻をいつくしみ、息子たる者はその母をいつくしみ、ただちに反省して自ら悟るのがもっともよいことなのだ。
(巻上「婦人は必ずしも家庭外の事にかかわることはない」)

多少まわりくどい言い回しであるが、男性中心の理念が行き渡っている時代であるからしかたがない。要は、家の生業の責任者であるべき夫や息子が無能である場合、どう対処したらよいのかという問題である。もちろんそのような場合は妻の出番である。夫や息子がそのことに気付かなければみんなが不幸になると述べているのである。これは袁采の身の回りにあった実際の事例であろう。というよりも当時かなり多かった事例ではなかろうか。男性であるというだけで家長となり生業に責任を持たせられるのであるから、能力のない男性にとってはいい迷惑だった。かといって生業を放置すれば一家は食べてゆけなくなる。そこで女性——多くは妻の出番となる。厳しい事情に後押しされた成果かもしれないけれど、立派に役割を果たした女性がいたというのである。その実例もある。袁采は「家業」について次のように記す。

その夫が愚かで意気地がないため、自ら家業を切り盛りし、銭や穀物の出入りを計算し、他人に欺かれないようにしている婦人がいる。夫が無能なため、息子とともに家業を切り盛りし、家の破産を招かないようにしている婦人がいる。子供が幼いうちに夫が死んでしまったのに、その子をよく教育し、内外の親族と親しく付き合い、家業を切り盛りして繁栄させた婦人がいる。これらはみな賢婦人である。……（同前「寡婦が生業を他人に託すのは難しい」）

ここではより具体的に、家業——おそらく荘園などの経営——を切り盛りする女性について述べている。無能な夫に代わって、さまざまな方面に目配りし、自分の家業を守っている彼女たちは立派な経営者であった。これが袁采のいう「賢婦人」であった。

これらの記事で袁采が突きつけているのは、当時の性別分業の理念に対する疑問である。理念とは無関係な、人々が直面する現実である。やや抽象的ではあるが、ここに富裕階層の生業のあり方と、そこで女性が占めている現実的な地位をみることができる。結局、理念にあわせて社会が動いているわけではなかったのだ。

袁采に評価されるような女性がどれほどいたかは把握できない。しかし柳田節子氏などが研究した「女戸」（女性が家長となっている家）という用語の存在は、かなりの割合で女性が財産を持ち、家長の努めを果たしている家があったことを示している（「宋代の女戸」）。現実社会で、女性を代表者とする家が無視できない程の割合であるからこそ、国家はこれを「女戸」と認定して税と役《えき》（労働）の負担などを負わせなければならなかったのである。

次に、女性の自立に関連して、離婚する女性の存在について考えてみる。私の研究では、唐宋時代に自分から離婚を求めた女性の史料が、それなりの数で残されていた（『唐宋時代の家族・婚姻・女性』第一章）。彼女らは離婚すればたちまち路頭に迷うと思われるが、その生活保障をどう考えていたか知りたいところである。しかし史料に明確には記されていない。実家に戻る者、条件のよい新たな嫁ぎ先を求める者、あるいは経済的に自立する者などさまざまあったであろう。この点について、唐代の書家として知られる顔真卿《がんしんけい》の、若いころのエピソードには大いに気になる文言があった。そのエピソードとは、大意次のようなものである。

顔真卿が江南の県の官僚だったころ、貧乏知識人の妻が離婚を申し立てた。この訴えに対して、彼は判決を下した。妻のおこないは風紀を乱すものと認定してむち打ちの刑とする。その上で妻が訴え出た離婚とその後の再婚を許可する、と。この結果、江南ではそののち十数年、あえてその夫を棄てる者はいなかった。（『雲渓友議』巻上「魯公の明」）

私はここで最後の一文（傍線部）が気になった。これを逆に読めばそれまでは「夫を棄てる」妻がいくらでもいたのだ。そうして妻たちは顔真卿の判決が出てからの十数年はおとなしくしていたが、その後は元に戻った、と解釈できるのである。つまり妻たちは何らかの理由で夫が気に入らなければ追い出すのが通常のあり方であった。ということは、夫がいなくても生活には困らなかったのである。彼女が嫁に出ていたとすれば実家に戻るか、あるいは何らかの手段で自活できる見通しを持っていた。また夫婦が妻の家で生活していた可能性だってある。この史料は顔真卿の功績をたたえる意図を持って書かれたが、そこに映し出された現実を考えれば、妻たちの自由さ、自立度の高さがうかがえる史料でもあった。

同様に『清明集』にも離婚を訴え出た妻に対する判決がいくつか載せられている。具体例は本書の1章などを参照していただきたいが、おおむね妻に罰が与えられるものの、結局、離婚が承認されるのである。この妻たちの経済的背景も、残念ながら述べられていない。ただ、彼女らはそれなりの自立の手段を確保していたものとみてよい。それは後掲の史料から理解できる。

このように限られた史料からではあるが、女性が担う生業の実態や自活ないし自立の背景を理解することができる。次に零細な史料を読み解いて、もう少し詳しく女性と生業との関わりをみていこう。

三――女性が従事する生業（2）――女性の農業労働

農業労働については、前述のような条件があって史料がきわめて限られている。ただ断片的な史料ではあるが、以下のような記述をみれば現実をうかがうことは可能である。

まず『太平広記』には田植え作業に従事する女性を描いた、次のような記述があった。

溧水《りっすい》県（現在の江蘇省）五壇村の史氏の娘は田植え作業に疲れたので、木の下に寝転んで休んでいた。すると鱗・角・蹴爪《けづめ》を持つ怪物が現れ、娘の上にのしかかってきた。……

（巻四七一「史氏の女」）

こうして不思議な話の本題に移ってゆくのであるが、その前提として女性の田植え労働が記されていた。このとき他に登場人物は出てこないので、彼女は一人で田植えをしていたのである。史氏の家は零細な農家であったのだろう。

また『夷堅志』にも男女が田植え作業に励んでいたことを示す話が載せられている。

鄱陽《はよう》県(現在の江西省)郊外の東塔寺は県北の芝山《しざん》禅院とともに崇徳郷に農地を持っていた。境界が接しており、耕作を担う農民があたりに散居していた。慶元三(一一九七)年五月一日、農民の男女がみな水田に出て田植えをしていた。数歳の児童だけが老人と障碍者に付き添って家にいた。その日中に雨が降って来て、雷鳴が天を震わした。東塔寺の四人の僕(召使い)の家が狂風の損害を被った。……

(『夷堅支癸』巻九「東塔寺荘の風災」)

黄州(現在の安徽省)黄陂《こうは》県太公村の民、李氏は……。初夏の日、その家の男女・子供が総出で田植えをおこなっていた。ただ少女だけが留守番をして昼食の準備をしていた。すると外からよぶ声がする。「宜兄さんはいるか」と。思わず少女は答えた。「彼も田んぼにいるよ」と。宜兄さんとは李氏の十二歳になる息子だった。外に出てみると……

(『夷堅三志』壬巻六「黄陂の紅衣の婦」)

前者は仏教寺院の荘園で僕(召使い)の家が暴風雨の災害にあったという話がテーマである。文の最後に「この僕は好んで牛を屠殺していたので、その報いを受けたともいわれる」とあるので、いわゆる「因果応報」の話である。したがって男女総出の田植えは「因果応報」による不思議な出来事の背景に過ぎない。そのような話柄であるがゆえに女性の田植え作業について触れることができたのかもしれない。後者も同じように話の筋とは直接の関係がない農作業である。男も女もそして子供も総出で田植えをしていた。このように『夷堅志』からは田植え作業に従事する女性の様子が垣間見える。前述の『耕織図詩』で男性の仕事とされていた田植え作業は、実際の現場では男女の区別などなかった。

水田への灌漑や排水の作業で女性が重要な役割を担っていたことは田嶋美喜氏の前掲論文に紹介されている。『夷堅志』には次のような話もある。

万春郷の農民朱七は、乾道七（一一七一）年の日照りの年に、妻とともに村の近くの城子塘（ため池）へ出かけ、水田に灌漑する作業をおこなった。城子塘の広さは二十里（約一〇キロメートル）四方ほどで一千頃《けい》（約五六六〇ヘクタール）もの広さの水田に灌漑していた。……

（『夷堅三志』辛巻七「城子塘の水獣」）

ここで灌漑用の農器具については言及されていないが、おそらく龍骨車などを使った、自分の水田への灌漑作業に夫婦が共同で携わっていたのであろう。日照りの年の緊急事態でもあるから夫婦でいっしょに作業せざるを得なかったのかもしれない。しかし日ごろから妻も作業に慣れていなければ、いざ緊急時となった場合に対応できないであろう。

他方、女性の担当分野とされた養蚕関連の作業、たとえば桑の葉の採集作業に関してはいくつかの史料がある。まず『太平広記』には四篇の話があり、いずれも桑の木に登って葉を摘んでいる様子などを描写していた。一般に、桑の葉の採集作業は高く茂った桑の木に登っておこなっていたようである。現在、桑は手が届く範囲の高さになるように管理して栽培するが、当時は木が伸びるにまかせていたようで、かなりの高さがあった。四、五丈（十数メートル）の桑の木も登場している。そのうちの一話に次のようなものがある。

……（虎に変わった男に）にわかに悪い心が湧いてきた。樹上を見上げたところ、一人の桑摘みをしている婦人を見つけた。彼は草の間からながめ、考えた。……（巻四三二「南陽の士人」）

ここからわかるように、一人の女性が桑の木に登って葉を摘んでおり、それを虎が見上げて食おうとしていたのであった。こうした例が多いとはいえ、桑の葉摘みの作業は女性だけのものではなかった。次のような話がある。

隋の開皇年間の初め（六世紀末）、冀《き》州（現在の河北省）に接した村に十三歳の少年がいた。……村の南はもと桑畑だった。畑の春耕は終わったが、まだ種は播いていなかった。……村人は総出で桑の葉を摘んでおり、男女がたくさん働いていた。そのとき村人はみな、少年が大声で泣きながら畑の中を走り回っているのをみた。……（巻一三一「冀州の小児」）

とあるように、この村の桑畑では男女の別なく桑の葉摘みの作業をおこなっていた。この地域では養蚕が重要な産業となっており、そのような条件下では男女の別などなかった。性別分業の理念は、生業の現実を眼前にすれば、通用するはずもないのである。

一方、『夷堅志』にも桑の葉摘みにまつわる話題がある。

紹熙二(一一九一)年の春、金渓県(現在の江西省)の民、呉廿九は田植えをしようとしていた。……彼の家には十余株の桑の木があって、嫁と姑《しゅうとめ》が半分ずつ所有していた。姑は誤って嫁の桑の葉を摘んでしまい、嫁はこのことを呉に告げ口した。彼は母親の部屋に入り彼女を引きずり出して言った。……

(『夷堅支丁』巻四「呉廿九」)

ここでは姑が嫁の所有する桑の葉を摘んだために、嫁と諍《いさか》いになっている。同じ家の家族なのに嫁と姑で桑の木の所有権を厳格に分けあっているという事実は興味深いが、それはさておき、桑の葉摘みはこの家の女性が担当する農作業であった。

ところでこの家は水田を持つ農家であった。呉廿九は田植え作業の人手を確保しようと手配をしていたし、その母と嫁はそれぞれの持ち分の桑の木を管理していた。つまりこの家は少なくとも稲作と桑の栽培をともにおこなっていた。おそらく養蚕もおこなっており、桑の葉や繭を売ることもできるし、絹布に仕上げて売ることもできた。もちろん税の一部として徴収されることもあるが、農家にとっては貴重な収入源である。女性たちはこうして農家経営を分担していたのである。女性の生業を考えようとするならば、このような農家経営内部での女性の役割にも注目しなければならない。次にこの点をみよう。

四――女性が従事する生業（3）――農家経営、商業と女性

もとより国家が税と役を課する単位は家であり、実質的には夫婦であった。隋の税制では明確に「十八歳以上の丁男は一牀《しょう》（＝夫婦）を単位とし、租は粟《あわ》三石（約一八〇リットル）を納め、調は桑の生育地では絹・絁《つむぎ》を、麻の生育地では麻布を納めよ」（『隋書』食貨志）とされていた。つまり国家の支配する単位は夫婦であり、夫婦を一体として把握していたのである。それは当時の農業が夫婦一体として維持されていたことが当然の前提であった。そこに性別分業の理念が持ちこまれただけである。したがって私たちが女性の生業を考える場合、家族内の協同作業をになう存在として女性を位置づけなければならない。その唐代の一事例は『太平広記』に見出だすことができる。

兗《えん》州（現在の山東省）に民家の嫁、賀氏がいた。村の人は彼女を織女《おりひめ》とよんだ。義父母は農業をおこない、夫は担《かつ》ぎ売りをして町と村を往来していた。……夫はその稼ぎで他所に別の女を囲い、家には一銭も入れなかった。……（巻二七一「賀氏」）

ここに登場するのは二世代四人家族の農家である。義父母が農業に従事し、息子は担ぎ売り、

嫁である賀氏は機織りの技術を生かして家計を支えていた。このように役割を分担して経営をおこなっていた農家が、当時の一般的な小農民であろう。そこに厳格な性別分業はなかったはずである。家族それぞれができる仕事を分担して農家の生活を維持していた。この現実においては必ずしも男性が主要な稼ぎ手であるということはできない。父母と息子の収入はどれほどの差があったのか、また賀氏の機織りによる稼ぎはどれほどであったかはわからないけれども、家族の労働はどれも不可欠の重要な要素であったに違いない。国家の法令では男性が家長であると定めており、私たちはあたかも家長がいなければ農家経営が成り立たないという印象を持ちやすい。しかしそれは男性中心の理念によって定められた制度であり、現実を反映したものではなかった。

ここで注目しておきたいのが、息子が従事していた商売である。漢代の初めに国家が農本主義を宣言して以降、農業が本業で商業などは末業であると位置づけられてきた。本来商業は物流の一端に位置づけられ、農業生産と切り離せない仕事であるが、本業にこそ集中すべきで、商業を含む末業には手を出すべきでないと〈愚民〉を指導してきたのである。しかしこれは努力目標であり、現実的ではなかった。逆にいうと、末業に走る農民が多かったために、本業を守れという指導をしてきたとみることもできる。むしろこちらの方が実態に近いと、私などは考えている。つまり農民と商業は切っても切り離せない関係にあった。賀氏が嫁いだ農家は特殊な例ではなく、きわめて普通の農家であった。このほか農民が都市に出稼ぎに行き賃金を手に入れる例もかなり存在した。商売や賃労働は、貨幣を媒介にして物流と関係を持つ行為である。農家経営を物流との関係から切り離すことはできなかったのである。

このような商業の性格をおさえたうえで、女性との関わり方をみておきたい。とくに前に触れた、離婚した女性と商売の関わり方の例である。游恵遠氏は前掲著書でその具体例をいくつかあげているが、『夷堅志』には離婚した妻が商売を始めるに至った経過を書いた話がある。長い話なので要点だけをつなげれば次のようになる。

唐州比陽県(現在の河南省)の富民である王八郎は、毎年江淮地域(現在の江蘇・浙江省周辺)に出かけて手広く商売をしていた。一人の娼妓とねんごろになり、家に帰ってくるたびにその妻に憎悪をぶつけ、すみやかに彼女を追い出したがっていた。妻は智恵のある人で、四人の娘を産み、三人はすでに嫁がせていた。しかし末娘はわずか数歳なので、まだ家を出るわけにはいかないと考えていた。……妻は夫の袂を引っ張って県の役所に訴え出た。県は離婚してその財産を半分に分けることを認めた。……妻は娘を引き取って別の村に住むこととした。壺やかめの類を買って門前に並べ、売り物とした。……娘は成人して(唐州)方城県の田氏に嫁入りした。そのときすでに十万貫もの蓄えがあった。……

(『夷堅丙志』巻一四「王八郎」)

このように、裕福な商人である王八郎の妻は、自らの意志で離婚した後、「壺やかめの類」を販売して娘を育て上げたというのである。彼女は離婚に際して夫の資産の半分を手に入れているから、かなりの余裕があったことは確かである。しかし日常生活の費用は商売によって賄ったのであろう。「十万貫」（一貫は銅銭一〇〇〇枚）という巨額の財産を娘に渡すことができたのであった。彼女は離婚した後もしっかり自立できていたのである。この他にも寡婦が商売を始めて自活する例がある。

鄱陽県の弓兵の妻は寡婦となり、酒を売って生活していた。陳逍遙《しょうよう》はしばしば店にやって来て、つけで酒を呑んだが、妻は嫌がらずに呑ませた。……（『夷堅支庚』巻九「陳逍遙」）

……永年監（永年は現在の河北省。監は地方行政区画で産塩地などの特殊な産業がある地域に置かれた）の兵隊であった方五が死に、寡婦が密造酒で生活していた。いつも夜中に漁船を雇って街の酒屋に運び、数日後に代金を受け取っていた。常に呉六を同行して手伝わせた。三年前、方の妻は八歳の息子とともに出かけた。十数貫を手に入れて船のなかに置いておいた。……（『夷堅支癸』巻九「呉六の競渡」）

これらの話からわかるのは、寡婦になった女性でも元手があれば手軽に商売を始められること、その商売を続けられること、また商売による実入りがそれなりにあること、などである。このような商業の特性は女性の離婚後あるいは夫を亡くした後の生活を保障し、自立を促す条件となる。同じように女性が一人で夫を養ってゆくこともできた。その例も『夷堅志』にある。

董《とう》国慶は、……萊《らい》州膠水《こうすい》県（現在の山東省）の主簿（出納などの帳簿を担当する事務官）となった。たまたま北辺で軍の動きがあり、家族を残して単身赴任した。その後、都の周辺は陥落し、帰ることができなくなった。彼は官位を棄てて村里に逃げ、そこの旅館の主人としばしば行き来するようになった。主人はその事情を憐れんで、一人の妾を買い与えた。どこの女性かはわからなかったが、智恵が働き、美しい人であった。彼女は董の貧しさを見て生活を支えるのが自分の任務だと考えた。財産をすべてつぎ込んでロバ七、八頭と麦十石（約九五〇リットル）を買い、粉を挽いた。粉ができた度にみずからロバに乗って町へ運んで売った。晩になれば銭を背負って帰るのである。おおむね数日に一度出かけたが、三年経って利益はいよいよ増え、農地と屋敷を買った。……

（『夷堅乙志』巻一「俠婦人」）

ここでは買われた妾が一人で製粉業を始め、董国慶を養っただけでなく、三年で土地や家を買えるまでになったのである。これが事実であったかどうか確かめようもないが、製粉業は女性一人でも経営でき、かなりの利益が出る商売であったことはわかる。

このように条件の良い生業が商業あるいは製粉業であった。とすれば、これに農民が手を出さないはずはない。前掲の養蚕、機織り、担ぎ売りなど、家族の誰かは物流に関わっていたのであろう。私たちは農家経営という生業が、このように複合的なものであったことを視野に入れておく必要がある。その中で女性の果たした役割を考えたいと思う。そうすれば史料の表面には現れていない女性の姿をうかがい知ることができ、彼女らが担った重要な役割を理解することができるのである。

おわりに

唐宋時代の史料論をふまえて女性の労働と生業の問題を考えてみた。史料の性格をおさえたうえで、それを深く読み込む作業の重要性と史料に隠された女性の生業の一端が明らかになったと思う。中国史の史料はある意味で奥が深く、すぐれた文章も多い。多くの知識人が長期にわたって鍛え上げてきた技術は感動的ですらある。しかし一方では陰に陽に理念的色彩が込められているのも事実である。それを読む私たちも、巧みに表現された色合いに惑わされることが多かった。しかし理念によって歴史の表面から覆い隠された人びとの姿を見落としてはならないであろう。史料批判の眼を養い、たえず問題意識を鍛錬することが、私たちに求められている。

【参考文献】

［和文］

上田早苗「漢代の家族とその労働――夫耕婦績について」『史林』六二巻三号、一九七九年。

大澤正昭編著『主張する〈愚民〉たち』角川書店、一九九六年。

大澤正昭『唐宋時代の家族・婚姻・女性』明石書店、二〇〇五年。

大澤正昭『『清明集』の世界へ――定量分析の試み』『南宋地方官の主張――「清明集」「袁氏世範」の世界』汲古書院、二〇一五年（一九九七年初出）。

上悠紀「『夷堅志』における女性」『上智史学』五四号、二〇〇九年。

高世瑜著、小林一美他訳『大唐帝国の女性たち』岩波書店、一九九九年。

斉藤茂他訳『「夷堅志」訳注』甲志・乙志・丙志〜　汲古書院、二〇一四年〜。

塩卓悟・河村晃太郎『訳注　太平広記　婦人部』汲古書院、二〇〇四年。

田嶋美喜「宋代の小農経営における女性労働」『論集中国女性史』吉川弘文館、一九九九年。

古川末喜『杜甫農業詩研究』知泉書館、二〇〇八年。

柳田節子「宋代の女戸」『宋代庶民の女たち』汲古書院、二〇〇三年（一九九三年初出）。

渡部武『中国農書「耕織図」の流伝とその影響について』科学研究費研究成果報告書、一九八七年。

［中文］

甘粛省文物隊ほか『嘉峪関壁画墓発掘報告』文物出版社、一九八五年。

康熙三五年序『佩文斎耕織図』東京・東陽堂、一八九二年復刻版。

佐竹靖彦「《清明上河図》為何千男一女」鄧小南編『唐宋女性与社会』上海辞書出版社、二〇〇三年。

中国農業博物館編『中国古代耕織図』中国農業出版社、一九九五年。

寧欣「唐代婦女的社会経済活動—以《太平広記》為中心」鄧小南編『唐宋女性与社会』上海辞書出版社、二〇〇三年。

游恵遠『宋代民婦的角色与地位』新文豊出版公司、一九九八年。

コラム1

「織女《おりひめ》」のゆくえ——明清時代の農書にみる女性の労働

序章の四で「織女《おりひめ》」こと賀氏の話を取り上げた。彼女は唐代の村で織物上手として評判になっていた。彼女のように農家で絹織物を織って農家経営の一翼を担っていた女性はほかにもたくさんいたはずである。とすればその後の時代に彼女らはどう生きていたのであろうか。気になるところである。たまたま本書を書きあげようとしていたころ、私が参加している農書研究会で明清時代の農書を読んでいた。そのなかで彼女の子孫と思しき女性像に出会うことができた。そこで本書のコラムの一篇として彼女たちを紹介してみようと思いついた。

◈明清時代の二種の農書

私はこの一〇年ほど、農書研究会の仲間たちといっしょに『沈氏農書』『補農書』(両書は張履祥《ちょうりしょう》編著。いずれも一七世紀前半刊)および『浦泖農咨《ほぼうのうし》』(姜皋《きょうこう》著、一八三四年刊)という農書を会読し、現地の調査も交えながら、訳注作業を進めてきた。前者は稲作と桑栽培・養蚕を主体とする農業経営とそれを取り巻く地域の農業生産の状況をまとめたものであり、また後者は低湿地稲作の現状を報告する調査記である。これらの農業や農村の状況を記録した興味深い記述は、これまで多くの研究論文にも取り上げられてきた。その内容に興味のある方は文末の「参考文献」に掲げた和訳を参照していただきたい。ここで注目したいのは、このなかで当時の農村の女性労働について述べた記事である。この種の史料に掲載された記事としてはたいへん貴重なものである。ここにそれらを取り上げ、近代直前の上海近郊の農村で、女性たちがどのように働いていたか、またそれはどのような位置づけを与えられていたかを紹介してみたい。

◈張履祥のみる女性労働

さて、現在の上海市の西鄰に嘉興《かこう》市という都市があり、中国の新幹線である高速鉄道の駅もある。ここは明代には嘉興府という行政区画となっていた。その管轄区域の西部に桐郷《とうきょう》県楊園村という村があり、そこに明代の著名な知識人張履祥が住んでいた。私たちはこれまで二回現地調査をおこなったが、当該地域には数戸の農家が点在し、多少高低差のある水田が広がっていた。張履祥が住んでいた家がどこにあったのかはわからず、あまり手入れされていない彼の墓だけが残っていた(写真参照)。この村で彼はささやかながら荘園を経営していたようだ。その経験も踏まえて、彼は沈氏という人(名は不詳)の『農書』を復刻し、それを補うという意味で『補農書』と称する農書を残した。その「総論」第七段に、「女工」すなわち女性の仕事について書いた部分がある。その記事は次のようなものであった。

桐郷県の西郷の女たちの仕事は、おおむねくず繭を材料とした織物や白絹を織り、苧麻《からむし》(イラクサ科の多年草)・黄草(細い草の名)を績《つむ》いで布を作ることである。東郷の女たちの仕事は、養蚕や農業に従事し、あるいは紡織をすることである。わが郷の女たちの仕事は、木綿を紡織することと養蚕して真綿を作ることが中心である。このように居住地によって異なる資源から異なる利益を生み出し、夫を支えているのである。女性の働きが勤勉であれば家計は必ず豊かになり、怠惰であれば家計は必ずや衰退する。まさに男性の働きと同じである。

女たちの仕事は、麻・苧麻の糸や絹糸を扱うに過ぎず、働き方の勤勉・怠惰が一家の盛衰に与える影響など微々たるもののようにみえる。しかし、彼女らが勤勉であれば家内のあらゆる仕事が盛んになり、怠惰であればあらゆる努めが衰退するのだ。故に「家貧シケレバ賢妻ヲ思ヒ、国乱ルレバ良相ヲ思フ」(『史記』魏世家)といわれるのである。良い補佐役が国を支えるのと、状況はまったく同じである。

だいたいふつうの夫婦は、夫は十畝(約五八アール)の田畑を耕し、妻は十枚の筐《キョウ》(蚕を飼う笊《ざる》のようなもの)で蚕を育て、日々二疋(?)の絹布を織り、あるいは木綿の糸八両(約三〇〇グラム)を紡ぐことができる。そうして飢えや凍えに煩わされることはないのだ。……

この桐郷県は太湖の東部から南部の水田地帯（これを一般に「太湖デルタ」という）の中央に位置し、稲作と桑・木綿栽培、さらに養蚕と絹・綿織物が主な産業であった。張履祥は「わが郷」楊園村地域および県の「東郷」「西郷」とよぶ東・西両地域の女性たちの労働について、きわめて簡潔にまとめていた。彼女たちは男性とともに農作業をおこなうほか、養蚕をして生糸をとり絹織物を織ること、また苧麻などで布を織り、木棉の紡織、つまり棉花から棉糸を紡いで棉織物を織ること

楊園村の張履祥の墓
（二〇一七年五月　大川裕子氏撮影）

によって「夫を支えて」いた。すなわち農家の経営に加わっていたのである。いわば妻は「男耕女織」の性別分業の理念に忠実に労働し、自家用の衣服となり、販売もできる織物を織っていた。一般にこの労働は「女工」とされ、生産の意義は「微々たるもの」とされていた。しかし、著者はこれに異を唱え、具体的な数字をあげて反論する。夫の耕す田畑は一〇畝ほどなのに対して、妻は一〇枚分の筐で蚕を育て、毎日二疋(?)の絹織物、あるいは八両の木綿糸を紡ぐという。ただし「日々二疋」とあるのは誤りであろう。もし誤りがないとすれば二疋、少なくとも二四メートルの絹布を一日で織っていたことになる。ありえない長さである。唐代の租庸調制の調として年に二疋の絹布が課されていたので、張履祥は「年」「歳」と「日」を誤記したのであろう。あるいは版本の誤りかもしれない。

それはともかく張履祥がいわんとするところは、女性が生み出す織物の価値が、男性が生産する農業生産物に匹敵する、あるいはそれを凌駕しているという事実である。それを踏まえたうえで、女性が勤勉であれば「家内のあらゆる仕事」が繁栄する、つまり女性の労働が家の繁栄を支えるほどだというのである。その筆致は抑え目ながらも、彼女らの働き方の重要性を述べ、「良相(優秀な大臣)」と「賢妻」の役割とを同等に評価していたのである。この記事は『補農書』の「総論」にあり、全体の総括的な位置にある章である。そこで女性労働について取り上げたということは、世間一般の常識とは異なって、張履祥にとってはかなり重要な論点の披瀝だったのだと思われる。

序章で述べたように、史料上で女性はかなり意図的に隠されてきた歴史があったが、この記事は明確に女性の労働を取り上げていた。それだけではなく、女性の労働に対する評価を変えていた。従来、女性の労働は一般に副業とみなされその役割は評価されなかった。稲作などの農業が本業であり、その他の労働は副業と軽んじられてきた。しかし男性中心の農業社会とはいえ、女性労働の意義はもはや隠しようもなかったのである。明代末期の農家経営では、副業の重要性がここまで到達していたがゆえに、張履祥はこうした記事を残したのであろう。この女性労働の重要性はその後の農書にも記されることになる。

◈姜皐の調査

一九世紀初め、楊園村よりさらに上海寄りの華亭県に姜皐が住んでいた。彼は身近な友人や農民たちが、いまや農業の危機であるとか、日々の生活が困窮していると嘆いているのを聞いて心を痛め、その原因が知りたくなった。そこで農村に出かけて聞き取り調査をし、コンパクトな記録『浦泖農咨』を刊行した。「浦泖」とは姜皐が住んでいた地域名で、太湖から黄浦江そして長江に通じる泖《ぼう》河（あるいは泖湖）の流域である。ここはかなりの低湿地地帯で、それゆえに、古来水稲作に有利な土地だとされてきた。「農咨」とは「農民にはかる」、つまり農民に問うという意味で、調査記録である。それは全四〇条にまとめられている。このなかに農家の女性の仕事について書いた一条があった。次のような内容である。

農家の女たちは田んぼへの食事の運搬と労働者たちの接待に苦労しているほか、草取り、稲刈りといった農作業や龍骨車を動かす灌漑作業に携わり、おおむね男たちと一緒に働いている。また暇があれば木棉から紗《さ》（細い棉糸）を紡ぎだし、それで棉布を織っている。この仕事によって家中の衣服はみな自給できるし、勤勉な女性の場合はさらに生活費を助けることができている。いままで農家が窮乏しなかったのは、おおかたは彼女らの仕事のおかげだったのである。……

ここに記録されているのは『補農書』よりも地域の特性に即した事実で、具体的である。農家の女性たち、つまり当主の妻や娘また母たちは男性と一緒に農作業や灌漑作業に加わるだけでなく、さらに棉糸を紡ぎ棉布を織っていたという。ちなみにこの浦泖地域では、おそらく土壌の性質のために養蚕は盛んではなく、棉花も栽培されていなかった。棉花は華亭県東部やそれより東の産地で収穫し、運び込まれたのであろうが、ここで加工された棉布は自家用の衣服となり、販売にもまわされ、農家経営を補っていた。姜皋はそれが農家の「窮乏」を救うのにどれだけ重要な役割を果たしていたかという高い評価を与えて記録していたのであった。この文章自体は『補農書』の記事ほど高い評価を与えているようにはみえないが、女性労働に対する認識はほぼ共通だったとみてよい。嘉興府と華亭県という近接した地域での話であるから当然といえば当然であるが、時間は二〇〇年ほど隔たっていた。それでも絹・棉織物などを生み出す女性の「副業」の重要性は着実に受け継がれていた。ただしこれらの記事からは、生産された織物が具体的にどのように利用されたのかはうかがえない。質の高いものは販売用に回されていただろうし、その現金収入は農家にとって貴重な収入であったと思われる。その背景にあるのは『浦泖農咨』第四〇条にある次のような文言である。

今年は豊年に出会ったのに、依然として（農民や農村の）活力が回復しないことに苦しんでいる。なぜなのか。思うに食米のほか万事に金銭がいるからである。……

といわれているほどに、農村に貨幣経済が浸透していた。農家は以前から自給自足ができなくなり、農業に欠かせない肥料など諸物資の購入と各種生産物の販売が必要であった。こうした経済構造は、アヘン戦争から上海開港に至る直前のこの時期、いっそう深化していたのである。ここで農業経営を維持していくためには現金収入が欠かせない要素であった。それが女性の棉織物生産に大きな価値を与えていた。『補農書』に記された副業の必要性はさらに浸透していた。

以上にみてきたように唐代の「織女」以後、女性の労働は着実に存在意義を明確にしていた。しかしここに述べられている農村の女性労働、その役割と実態についてはほとんど農書史料などに残されてこなかった。『補農書』『浦泖農咨』は短文ながらこの点を明確に記していた。著者たちがあえてこの記事を残した理由はまだ把握しきれていないが、一七世紀半ばから一九世紀初頭という時代性と、経済活動の中心地である上海の近郊という地域的特性が、この記録を残させたのかもしれない。一六世紀以降、イエズス会宣教師がヨーロッパの進んだ技術を伝え、徐光啓の『農政全書』には新しい農業知識も導入された。こうして中国が西欧近代の光を浴び始め、新しい市場を求めて列強の圧力が強まってくるという、特殊な環境が醸成されていた。この世界情勢の変化は上海近郊の農村にも少しずつ影響を与え始めていたであろう。その具体的な状況については別途解明しなければならないが、農家は営々として農業生産に励むしか道はなかった。この過程で、女性もよりいっそう自分たちの重要な役割を果たすことが求められていたのである。ただ、こうした女性の労働が正当に評価され、多くの史料に記録されるようになるのは、人々の意識がさらに近代化されてからのことであり、もう少しの時間経過を待たねばならなかった。

【参考文献】

大澤正昭・村上陽子・大川裕子・酒井駿多「『補農書』（含『沈氏農書』）試釈―現地調査を踏まえて―」（一）～（三・完）『上智史学』六二～六四号、二〇一七～一九年。
大澤正昭・村上陽子・大川裕子「『浦泖農咨』試釈」『上智史学』六五号、二〇二〇年。
大澤正昭「『浦泖農咨』から考える」『上智史学』同前。

1章

女が三度も結婚するとは！——南宋の裁判記録から

はじめに

◈二つの顔

中国史上に登場する女性には二つの顔がある。一つは、則天武后や西太后のように権力を握って自由に振る舞った女性たちの顔である。漢の高祖劉邦の妻・呂《りょ》后や唐の中宗の妻・韋《い》后もここに含まれるのかもしれない。

ただし彼女らの〈活躍〉は、後世の儒教的歴史観によってゆがめられ、いかにも残忍でスキャンダルにまみれた権力亡者のように描き出されている。かつては受験用参考書にも採録されていた「武韋の禍」などという表現はその典型である。どんな横暴な男性が権力を握っても「禍《わざわい》」とはされないが、女性が握れば「禍」となるのだ。

もう一つは、纏足に象徴され、「家父長制」という言葉と一体のものとして理解される顔である。堅く縛りつけられ、ゆがめられた纏足と二重写しの、家に閉じ込められ続けた女性たちとみなされる顔である。こうした纏足の見方は一方的で、西欧的価値観によってゆがめられたものであるが――コルセットによって異常に絞られたウエストと、どれほどの違いがあるのか――、いまは問題にしない。ともあれ一般には、抑圧され続けた中国女性の顔の方がよく知られているであろう。

◈歴史的土壌

このように、中国史上の女性たちには、いわば〈活躍〉と〈抑圧〉の相反する二つの顔があった。これらはまったく別の二人の顔なのか、あるいは一人の女性が持つ二つの顔なのだろうか。もし前者だとすれば、中国史という同じ土壌からまったく性格の異なる二人の女性が生まれたことになる。多民族・多文化がせめぎ合う中国だから、それはあり得ないことではない。しかし、彼女らの多くはいわゆる漢民族の女性として理解されており、民族や文化の違いから説明するのは困難である。では、後者なのだろうか。私はそう考えているけれど、もしそうだとすれば、この二重人格的な「女性」の本質はいったいどこにあるのだろう。いままでの中国史研究では、こうした問題への説明がほとんどなされてこなかった。

この問題を解く鍵は歴史的土壌の解明にあるのだろう。歴史上の社会で、女性たちがどのように生きていたのかを考察するところから、われわれの理解はスタートしなければならない。しかしこれまで、歴史上の女性、とりわけ庶民女性の実態はよくわからなかった。また、時代が古ければ古いほど史料が少なく、観察は困難であった。そのため「二つの顔」の関連がなかなか説明できなかったのである。

◈『清明集』の発見

けれども序章に述べたような史料を探せば、手がかりが見つかる。ことに南宋という一時期については格好の史料が、一九八〇年代前半に発見された。南宋の判決文や判決原案などを集めた『名公書判清明集』(以下『清明集』と略称)の完本がそれであった。このなかでは、裁判という非日常的な場面ではあるが、当時の女性たちがたくましく生きていた。本章では主にこの史料の一部を取り上げ、当時の女性たちの〈活躍〉ぶりを紹介する。そうして、彼女らが決して二重人格ではなく、一人の人間の持つ多様な表情であったことを示唆しようとするものである。

一――再婚する女たち

◈胡石璧の「叫び」

まず『清明集』に収録された裁判官の「叫び」を聞いてほしい。

張巡検は官僚の身でありながら、どうして法を知らないのか。知っていながら結婚したのだとすれば、当然罰を与えなければならない。いわんやこの不義の女をどうして嫁にしたのか。女は再婚するのでさえ良くないのに、彼女は銭氏から徐氏、徐氏から張氏へと三度の結婚に及んでいる。朝《あした》にはあちら、夕べにはこちらと、娼妓や俳優の賤しさと選ぶところがない。彼女が銭氏に背いて徐氏に嫁ごうとしたとき、徐氏は銭氏を教訓とせずにこれを娶った。そして結局、母親は孝行な嫁の介護を受けられなかったのだ。彼女は今また徐氏に背いて張氏に嫁いでいる。張氏がまた徐氏を教訓にしなければ、同じ轍を踏むことになるであろう。

（巻一〇「妻はすでに再婚しているのに前夫の財産を手に入れようと企む」）

こう叫んでいるのは、硬骨の地方官・胡石璧《せきへき》(名は潁《えい》、石璧は号)である。中国の官僚というと硬骨ならぬ恍惚のイメージ、あるいは金銭亡者のイメージの方が強いが、『清明集』に登場する裁判官つまり地方官たちはまじめで、自分の任務に忠実な人間ばかりである。それゆえに彼らは「名公」とされ、その手になる判決文が『清明集』に収められているのである。「名公」たちの任務とは、管内の民(しばしば「愚民」と称されるが)を教え導くこと、つまり教化、善導することである。前掲の判決文は、そうしたまじめな地方官の心情が強くにじみ出た文章だと、私には感じられる。

ちなみに『清明集』は、当時実際に言い渡された判決文と判決原案類を収集し、適宜切り貼りして編纂したものである。いわば地方官向けの参考書あるいは模範文例集といった趣旨の史料である。それゆえに断片的な文章ではあっても、当時の裁判官たちの息吹に直接、接することができる。『清明集』の魅力の一つはここにある。

◈阿常の再々婚

さて、三度も結婚したとして胡石壁に非難されているのは張巡検の妻・阿常。この巡検は広域警察署長のような官職で、いわゆるキャリア官僚のポストである。本件ではれっきとした官僚が阿常の三人目の夫になっていた。そして胡石壁はこの二人の行為を、「法を知らない」と責め立てていた。

前掲の判決文では省略したが、阿常は前夫・徐氏の母(つまり前の姑)の死後、遺産をねらって訴訟を起こした。これを張氏の息子も支援していたようだ。つまり国家権力の代行者である官僚の妻と息子が裁判を起こしたのだ。このような場合、権力がモノをいうのは当然である。だから判決の行方は火をみるより明らかだ、と誰もが思った。けれども、本件はかの胡石壁が担当したのである。裁判は公平に、まさに原則的立場に立っておこなわれた。そうして判決は、阿常は離婚させること、張巡検は現在の任地で処分すること、さらに訴訟に手を貸した息子は、軽いむち打ちの上で「所払い」、というものであった。この判決を、人々はみな拍手喝采で歓迎した、かどうかまでは書かれていない。ただ、『清明集』の編纂者はこれこそ模範的な判決文だと考えて収録したのであろう。当時の裁判のあるべき姿を示したものではあった。

一方、この文章を読んで気になるのは、判決文にしては個人的な見解が入りすぎているのではないかというところであろう。もっともな疑問であるが、当時の裁判は現代とは異なっていた。たとえば、裁判の三原則は「情・法・理」である。詳しくいうと、情とは裁判官や知識人たちの人情、法は皇帝の定めた法律、そして理は天理、すなわち普遍的真理である。これらに照らして裁きがおこなわれるのだが、そのうちの人情が一つの原則とされるのは、大きな特徴であった。そのため、さきの判決文では判決の論理と直接関係のない、胡石壁の人情、つまりは彼の価値観が率直に表明されていた。『清明集』の魅力の二つめはこの率直さにある。他の史料ではなかなかお目にかかれない物言いなのである。

◈問題のありか

ともあれ訴訟は以上のような結末をむかえた。だが、私たちの考察はここから始まる。南宋時代の女性にとって、再婚とはいったいどのようなものだったのだろうか。そこで問題となるのが胡石壁の価値観である。その非難の対象となった事実を確認しておけば次の二点である。

1　引用部分では省略したが、阿常は前夫の喪中に婚礼をおこなっていたこと。そして張巡検もその事実を知っていたこと。

2　阿常は再婚を繰り返し、三人目の夫が張巡検であったこと。

このうち、1は重大な法律違反であった。当時の刑法では、父母や夫の喪中に婚礼をおこなった者は「徒(懲役)三年」の刑罰を科せられる規程であった。さきの阿常と張巡検に対する処分の主要な根拠はこれであった。

すると、現代の感覚からして理解しがたいのはやはり2であろう。女性が再婚を繰り返すと何が問題になるのか、なぜ「不義の女」などと非難されなければならないのか。

◈王氏の場合

検討に移る前に、いま少し『清明集』に記された離婚・再婚問題をみておきたい。

呉和中は貢士(科挙の最終段階である殿試の受験生)であったが、今は亡くなって久しく、彼がどのような人物であったのかはわからない。……前妻はすでに亡く、七歳の息子がいた。そこで呉和中は王氏と再婚し末永く添い遂げることを望んだ。……(彼女は)続いて土地を購入し、作成した契約書はすべて王氏の粧奩田《しょうれんでん》(妻の化粧代という名目の持参財産で、ここでは農地)名目とした。……(呉和中の死後)いくらも経たないうちに王氏は自分名義の財産をひっさげて再婚した。(残された息子の)呉汝求《じょきゅう》は家産を浪費し尽くし、暮しを支えられないほど貧乏になったため、ついに訴訟を起こすに至ったのである。……

(巻一〇「子が継母と財産を争う」)

本件では、後妻に入った王氏が、夫・呉和中の死後相応の財産を持って家を出、再婚した。後に残されたのは息子が一人。彼は家産を使い尽くしたあげく、継母が持ち出した財産を返還するよう訴訟を起こしたのである。

ここで王氏が持って出た財産とは、「粧奩田」という名目で妻の名義になっていたものであった。男系相続を原則とする中国では、夫婦の財産は基本的に夫のものとされていたが、このように明確に妻の所有物とみなされる部分もあった。その意味で夫の財産所有権は独占的なものではなかったし、圧倒的な男性本位という中国史のイメージには疑問符がつけられることになる。

ともあれ、王氏のように寡婦が持参財産を持って再婚するという例は他にも多かった。胡石壁がいかに非難しようとも、女性の再婚はきわめて普通のことがらだったのである。

◈妻の離婚請求

そればかりではない。妻の側から離婚を求めることさえあった。

阿張は朱四の妻となっておよそ八年である。……いま朱四は、目は見え、耳は聞こえ、口は話せ、手足もよく動き、まったく重病になどなったことはない。（ところが）阿張は故なく彼を「痴愚」とよび、棄て去ろうとしているのであり、もはや夫婦の義は失われてしまっている。その上、舅に性的関係を迫られたと誣告《ぶこく》しており、はなはだしく舅に逆らっているのである。礼では「息子がその妻とたいへん仲むつまじくとも、父母が気に入らなければ、これを追い出す」（『礼記』）という。阿張はその夫を訴えたのだから夫と仲が悪くなっているだけではない。その舅をも訴えたのだから舅にも気に入られていない。事ここに至っては、無理に元のさやにおさめようとしてもおさまるものではない。杖打ち六十の罰を与え、離婚を許す。……

（巻一〇「妻が夫に背き舅に逆らったので、処罰して離婚を許す」）

阿張はどのような理由で夫を訴えたのかはわからない。しかし夫を「痴愚」つまり「アホ、愚か者」と罵っていたし、舅をも訴えていた。彼女は何とかして朱四と別れたいがために主張を続けたに違いない。そして裁判の結果、「杖打ち六十」（実際には臀部を一三回打つ）という罰は受けるものの、離婚はかなえられたのである。

ここでも中国の男性本位という原理に疑問符がつけられる。そしてまた、当時の離婚に対するある程度寛容な考え方もうかがえる。一方、このような女性たちの〈自己主張〉を許すまいとする動きも当然あり、阿張の離婚は「杖打ち」という処罰を前提としたものであった。胡石壁の価値観はこの流れの中にあったのである。

以上に取り上げた判決文は『清明集』のほんの一部ではあるが、提出している問題は大きい。一般社会における離婚・再婚の現実、そこに垣間見える女性たちの自己主張。これらは従来の中国史のイメージとはかなり異なっているはずだ。『清明集』発見の意義はここにも示されていた。こうした状況をより深く理解するためには歴史的な考察が有効である。次に、唐代まで時間をさかのぼって、離婚・再婚問題をみておくこととしよう。

二――唐代の離婚と再婚

◈公主の再婚

唐代の社会史を叙述するとき、必ずといってよいほど話題にのぼるのは離婚・再婚の多さである。その証明材料として、しばしば公主、つまり皇帝の娘たちの例が使われる。ある統計によれば、唐代を通じて、彼女たちのなかの再婚・再々婚者の割合は二三パーセントにのぼるという。つまり、一三〇人ほどいた公主のうち、四分の一弱が離婚・再婚を経験しているというのである。

この数値をどうみるかは意見の分かれるところであるが、絶対的な割合が高いという認識では一致するようだ。そしてここから発展して、皇帝の娘でさえこれほど多いのだから一般にはもっと多かっただろう、という考え方が出された。一方、皇帝の娘だからこれだけ離婚・再婚ができたので、一般にはそんなに多くなかっただろうとする考え方もある。あるいは、皇帝の娘だから離婚・再婚せざるを得ない事情があったのだという見方も提出されている。

この見方のうちどれがより妥当なのか、また別の考え方ができるのかは、これからさらに研究を続けなければならない。しかし今のところ私は、唐代には離婚・再婚がかなり自由におこなわれたとみている。それどころか既婚・未婚を問わず、男女関係も相当に自由だったようだ。たとえば、当時の小説史料には、いわゆる不倫関係が何のためらいもなく、おおらかに描かれている。

◈「貞節観念」とは

こう述べてくると、ある年輩以上の方がたは不審に思われるかもしれない。あの儒教の発祥の地で、離婚・再婚、あるいは婚姻外の男女関係が自由だったなんて、と。儒教的価値観を身近に知っている世代には信じがたい事実であろう。現代中国の歴史家たちであっても、唐代の女性には「貞節観念が薄かった」と儒教的価値観そのままの表現をしている人が多いほどである。

ただ、若い世代にとっては何が問題なのかわからないかもしれないから、少しく説明が必要だろう。問題は「貞節観念」という考え方である。ここでいう「貞節」とは「正しいみさお」「守るべき志」などという意味で、女性は二人の夫を持たない、つまり離婚・再婚はおろか、夫が死んでも再婚せずに純潔を守る、のが女性の「貞節」とされていた。この考え方の由来は古く、史上に残る言葉として有名なのは『史記』田単伝に載せる「忠臣ハ二君ニ事《つか》ヘズ、貞女ハ二夫ヲ更《か》ヘズ」という成句である。すでに紀元前三世紀ころには人口に膾炙《かいしゃ》していた言葉らしい。そして貞女に関する部分は、女性の守るべき道として後世にはより強調されて伝えられていた。

にもかかわらず、私はさきに、唐代の女性には離婚・再婚が通常の事態だった、男女関係がかなり自由だった、と書いた。その根拠の一部を紹介しておこう。

◈夫を棄てる妻

まず、離婚に関しては序章の二で著名な書家・顔真卿《がんしんけい》が地方の官僚だった頃のエピソードを紹介した。私が注目したのはその史料のなかの

……この結果、江南ではそののち十数年、あえてその夫を棄てる者はいなかった。

という最後の一文であった。これは、それまでは夫を棄てる妻がたくさんいた、という事実を示していたことになる。妻主導の離婚が通常の事態だったとみられる。ここには、当時の妻と夫の関係、妻の発言力の強さが映し出されていた。ではなぜ妻の発言力が強かったのか。また夫を追い出した妻はどのように生計を立てていたのであろうか、という疑問が湧いてくる。現代の専業主婦の境遇から想像すると困難な事態が予想されるはずであるが、当時の事情はかなり異なっていた。この問題については序章でも述べたが、さらに本書で論じていくことになる。

◈淫婦の物語

ついで自由な男女関係について。ここでは唐宋八大家として有名な柳宗元の「河間伝」という話を引用したい。

河間は淫婦である。姓は言いたくないので、出身地でよぶこととする。はじめ、この女は戚里に住んで、正しい操を守っていた。嫁に行かぬ前から、親類の間に貞操観念が乱れているのをこころよからず思い、その仲間となるのは恥と考えて、ただ一人とじこもったまま、裁縫や手芸ばかりしていた。……（結婚後のこと）ところが、一族の中で日ごろからよからぬ行いをしている連中が相談を始めた。一人が

「河間をどうしてくれよう」

と言えば、いちばん悪い男が、

「きっと、堕落させてやる」

と、手はずをきめ、車を用意し、大勢で河間の家をおとずれて、遊びに行こうとさそった。

……

（前野直彬編訳『唐代伝奇集』1）

というように話は進む。あげ句、貞節な女性だった河間は堕落し、男なしにはいられない「淫婦」になり、身を滅ぼしてしまったというのである。

この特異な話が事実であったかどうかはわからない。しかし現在の感覚からいえば、柳宗元ともあろう文化人がまったく荒唐無稽な話を、それも性にまつわる話をかくも大胆に書いたとは思えない。つまりこの話は、少なくとも当時の人々の常識と、いかにもありそうな事件を率直に描いただけだと思われるのだ。

とすれば、唐代には「貞操観念」を遵守する人びとと、「堕落」している人びととが共存していたことになる。当時、こんな相反する思考が共存できたのかと疑問に思われるかもしれない。しかし、考えてみれば、ある社会が一つの規範だけで律せられていたなどとみるのはそもそも無理なのである。私には、唐代では共存というよりむしろ「堕落」(自由と言い換えるべきかもしれないが)の価値観の方が勢いを持っていたように感じられるのである。

紙数の関係でほんの少しの例しかあげられなかったが、唐代における婚姻関係や男女関係の重要な側面がおわかりいただけたと思う。そうして相反する価値観の共存状況も。

◈失節よりも死を

この価値観が逆転し始めるのは宋代である。唐代の後半期から五代の混乱期を経て、知識人のなかには新しい秩序の樹立をめざそうとする人も現れてきた。彼らは、現実社会での離婚・再婚の多さと、それがかなりの知識人の間でも例外ではなかったという事実に問題を感じたのであろう。儒教的道徳の再構築が意識されだしたのである。なかでも北宋の程頤《ていい》は重要な言葉を残した。「餓死はきわめて小さいことだが、失節はきわめて大きいことだ」と。女性は貞節を失うよりは餓死した方がましなのだ、というのである。この言葉は、かの朱子が高く評価したことで注目を浴び、大きな影響力を持つことになった。以後こうした価値観がもてはやされ、浸透してゆく。わが国でも近世以降、人びとの思考のなかに定着していった。さらに明治維新以後の軍国主義体制下では、いっそう強化されていったのである。

しかしここで誤解してはならないのは、朱子の時代、つまり南宋の時代にはこの考え方はそれほど浸透していなかったという点である。朱子の弟子やその信奉者を除けば、知識人の間でもそれほど受け入れられてはいなかったであろう。まして一般の人びとに広まっていたとは言い難い思想であった。また程頤の言葉自体が誤解されてきたという事実も明らかにされている（佐々木愛「伝統家族イデオロギーと朱子学」）。

こうみてくれば、冒頭にあげた胡石璧の叫びはいっそう悲痛な響きを持って聞こえてくるのではないだろうか。たとい彼がありったけの声を振り絞って叫んだとしても、「貞節」は人びとの耳を、右から左へと通り過ぎるのみなのであった。

三——宋代の女性の位置

ここまでの経過をふまえたうえで、再び『清明集』の世界に立ち戻ってみよう。するとそこには興味深い夫と妻の関係が浮かび上がってくる。

◈妻を追い出せない夫

たとえば、ある夫は妻を追い出したくて仕方がなかったのだが、それが果たせず違法な手段に訴えた。妻の犯罪のねつ造である。夫の名は江濱臾《こうひんゆ》、妻は虞《ぐ》氏である。この判決文は省略部分があるらしく、たいへん難解だが、あえて本件の訴訟内容および判決を跡づければ次のようなものだったようだ。

……虞氏はその姑に気に入られず、離縁の訴訟を起こされるに至った。訴訟の事由としてはさらに密通もあった。この両件がそろっていれば、離婚して当然である。

いま江濱臾は母龔《きょう》氏の訴状を抱えながら密通の件を隠し、ただ妻の虞氏を実家に送り返して親に仕えさせようとしている。虞氏がどのような顔をして実家に帰ればよいのかわからないのであろうか。お上がきっちり調査したところ、虞氏の件は明らかになった。……とあるように、虞氏は二つの犯罪で訴えられた。姑からの訴訟（嫁が気に入らない件）と密通事件である。ところが事実調べをしているうちに、密通事件はデタラメな訴えであることが明らかになってゆく。

……江濱臾は曖昧な事実によってその妻を誣告しており、何を証拠にせよというのか。

というように、密通の証拠は見つからなかった。そこで持ち出したのが窃盗事件である。

……江濱臾は自分の理屈が通らないのを知るや、密通の件には固執せず、さらに虞氏がかつて婢女《はしため》に什器類を持ち出させたことがあると訴えた。つまり虞氏は窃盗と姦通とをともに犯したことになる。（けれども）だいたいでたらめの申し立てであろう。時間を引き延ばして虞氏を苦しめ、よりを戻すことを願わず、（彼女から）離婚を言い出させるための策略であろう。

と、この窃盗事件も底が割れてしまった。盗んだとされた什器類は、実は彼女の持参財産であった。かくて江濱臾の真のねらいが明らかになった。一連の訴訟事件は、彼女を離縁し、追い出すための策略に過ぎなかった、と。そうしてついに江濱臾は自供に追い込まれ、判決が下された。

……江濱臾は考えを巡らしてその妻を棄てようとした。しかし名分がないので、ついに家の中の曖昧な事件を持ち出して妻を誣告した。それに天下の大悪（姦通のこと）を追加したが、言葉に窮し、理屈が通らなくなった。その上、妻が什器類を盗んだと訴えたが、いちいち調べさせたところ、みな虞氏の持参財産であった。……いま江濱臾は事実をでっち上げ、鳥や獣のような行為で妻を誣告した。虞氏も人間である。どのような顔をして実家に帰れようか。……

（巻一〇「夫が妻を棄てようとして、曖昧な事実によって誣告する」）

その処分は、二人の離婚を認めるものの、江濱臾には「杖打ち八十」（実際には一五回）という処罰が科せられることとなった。妻の名誉毀損が認定されなかったのは時代の制約であるが、江濱臾の「鳥や獣のような行為」は処罰の対象になったのであった。

◈だらしない夫?

さて、この判決文を読んで、夫・江濱臾はなんとだらしがない男だろう、と思われる向きもあるかもしれない。中国では男性が女性を支配しているのではなかったのか、家では家父長たる夫が妻をはじめとする家族を支配していたのではなかったのか、これでは夫の権力など微々たるものではないか、などと。

たしかに法律上では離婚の際の夫の主導権が認められていた（詳細は5章で紹介する）。たとえば、妻を離縁できる条件として七項目があげられている。①男子を産んでいない、②淫乱、③舅・姑に仕えない、④おしゃべり、⑤盗癖、⑥嫉妬深い、⑦悪い病気を持っている、である。夫の側にしてみれば、このうちの一項目くらいは何とか口実にできそうなものではないか。たとえば④とか⑥は捏造しようとすればできたのではなかっただろうか。

だが、江濱臾はそれもできず、②と⑤にからむ犯罪のねつ造行為に走った。夫の権力の弱さという他はない。そして裁判官は、男性の肩を持つのは当然ながらも、事実調査は男女の差別なくおこなっていた。また、女性の側の言い分もまともに聞いていたようである。ここでは省略したが、虞氏の父親も調査の過程で証言させられている。彼は娘の反論を、しっかり支えたものとみられる。

◈女性の言い分

ちなみに、裁判官が女性の側の言い分をよく聞いていたことがわかる判決文も残されている。

舅が嫁に性的関係を迫るという事件は、まことに曖昧な部分が多い。阿黄は訴状ではこの事件があったといい、獄中の供述では、なかったという。もし、ただ前後の陳述のみによって有無を決しようとすると、事実関係が見えなくなりがちである。本官はいま自ら出向き、逐一尋問し、自分の目と耳で調査した。阿黄は応対の間中、恥ずかしげで口ごもることがきわめて多かった。心に思っていてもあえていわない事実があるようだった。（舅の）李起宗は弁明の際、しょっちゅう口をもぐもぐさせる様子で、恥じいってものをいうことができないようであった。本官はいまは事件がなかったときっぱりといいきることはできない。もし虚実をはっきりさせようとすれば、むち打つことが必要で、か弱い婦人が屈強の男のように獄吏に相対することなどできようはずがない。ついにはうその自供をするであろう。……

（巻一〇「曖昧の訴訟があったからには離婚を認めさせる」）

本件は現代のレイプ事件の裁判のようだ。舅に性的関係を迫られた嫁・阿黄の供述は、恥ずかしさのためか動揺していた。そこで裁判官自身が出向いて事実調査をおこなうことにした。そうして両者の対応をもとに、性的虐待の事実は認定された。判決では、無論、舅が罰せられることはなかったが、離婚は認められた。

このように、裁判官の立場はきわめて〈公平〉である。最初から男女を差別したような態度は取らなかった。南宋が男性原理の時代であることはいうまでもないことだが、女性の存在をまったく無視するような時代でもなかったのである。

◈史料の普遍性

ここに引用した判決文は『清明集』全一四巻のうち、巻一〇の「人倫門」という項目に分類されたものの一部である。「人倫門」とは、人間が守るべき倫理に関わる判決を収録した部分であり、女性が登場する割合が大きかった。また、引用文の著者の多くは、たまたま胡石壁であった。その意味で、ここまでの叙述が偏っているという批判を受けるかもしれない。当時の社会のごく限られた、特殊な一面に過ぎないのではないか、と。

しかし、離婚・再婚問題は他にも多くの史料があり、必要とあらばいつでも提示できる。また、胡石壁の価値観についていえば、当時の官僚たちはこれを共有していた。それをまじめに実践したのが名公たちであった。それらが模範判決とされて『清明集』に収録され、出版されたのである。そうして現代まで伝わったのも事実なのである。

ただし、女性たちの自己主張については『清明集』の独壇場である。これほど生き生きとした記録は他に例をみない。男性原理の社会では女性の主張が記録される機会などほとんどなかった。名公たちの裁判であるがゆえに、ようやく聞き取れる女たちの声であった。そこで私は、ここまで述べてきた事実こそ南宋社会の重要な一側面だったと考えているのである。

おわりに

『清明集』を読むことによって、当時の女性たちの〈活躍〉が見えてきただろうか。彼女たちは決して抑圧されただけの存在ではなかった。差別されていたのは間違いないが、さまざまな手段で自己主張を展開していた。離婚・再婚訴訟の場はその格好の舞台であった。そこでは裁判官たちも彼女らの声に十分耳を傾けていた。というよりも、おそらく当時の女性の存在の重さに、耳を傾けざるを得なかったといった方がよいのであろう。

この存在の重みについては、本書でさらに取り上げてゆく。ただ私の現在の見通しを、誤解を恐れずに書けば次のようになる。すなわち、遅くとも唐代以降、中国は女性の「力」が強い社会が続いていた。「力」の内容は一概にいえないが、発言力・行動力・生活力などをあげることができる。これに対して、男性原理によって造りあげられてきたさまざまな〈装置〉が圧力を加えていた。国家権力・統治制度・儒教思想、その他であり、纏足などの慣習もそれに加わった。こうした圧力は北宋以後、一段と強められる。そしてその成果が明瞭に見え始めたのが南宋時代である。しかし、女性たちの抵抗は根強く、完全な制圧など望むべくもなかった、と。「はじめに」の提起に戻れば、歴史の経過とともに強まってゆく抑圧と闘わねばならなかった女性の強さこそが中国女性の「顔」なのである。

繰り返しになるが、冒頭に触れた女性たちの〈活躍〉は、こうしたすそ野があったればこその話である。『清明集』の女たちの延長線上に、則天武后も西太后もその座を占めていたのである。

【参考文献】


大澤正昭編著『主張する〈愚民〉たち』角川書店、一九九六年。

大澤正昭『唐宋時代の家族・婚姻・女性』明石書店、二〇〇五年。

佐々木愛「伝統家族イデオロギーと朱子学」小浜正子ほか編『中国ジェンダー史研究入門』京都大学学術出版会、二〇一八年。

清明集研究会『「名公書判清明集」（人倫門）訳注稿』汲古書院販売、二〇〇五年。

前野直彬編訳『唐代伝奇集』1・2、平凡社・東洋文庫、一九六三年。

コラム2

夫は「痴愚《アホ》」か——社会史研究　はじめの一歩

私がかつて開いていた大学院ゼミ（中国前近代史専攻）ではいろいろな議論が展開された。院生諸君のやる気もさりながら、使っているテキストがわれわれの脳みそを刺激してくれるからである。ここではゼミ討論のなかで気がついた論点を少しばかり紹介し、今後の研究課題の一端を示してみたいと思う。

◈『名公書判清明集』人倫門の判決文

私のゼミのテキストとして会読を続けていたのは序章と1章で取り上げた『名公書判清明集』、略して『清明集』である。貴重な一次史料であり、難解ではあるが重要情報満載の研究材料である。ある年、そのなかの「人倫門」という項目に収められた判決類を順次読み進めていた。「人倫」とは「人としての守るべき道」の意味。たいへん硬い印象があるが、そんな名称からは想像もできない、おもしろい事件が裁かれている。とくに親子や兄弟・夫婦などの「守るべき道」に関わる事件が多数扱われており、家族内部の人間関係が赤裸々に語られている。これを読んでいると、身につまされるような日常の諍《いさか》いも、ただただあきれるばかりの身勝手な訴訟もあり、興味深さもひとしおである。ゼミでの議論は、したがって、わが身に引き付けた親子関係、あるいはろくでもない身内の話など、あらぬ方向に向かいがちであったが、それはそれで楽しい。いわば等身大の、あるいは実践的な(?)研究材料であったろうか。

ちなみにそのような判決文の一部をあげてみよう。母・娘・娘婿の連合軍と息子との対立である。

姜子朝《きょうしちょう》は娘婿なのに徐家の家財をかってに持ち出し、妻の実家（徐家）の祖先祭祀を絶やそうとしている。徐巌甫《がんほ》は一人息子なのに家業の利益を公平に分けることができず、その母に訴えられている。李氏は母親なのに勝手気ままにふるまい、婿は大事にしても息子はないがしろにし、娘は大事にしても夫の徐家はないがしろにしている。したがってこの三人とも無罪というわけにはいかない。……

（巻一〇「互いに立継の家財を訴える」）

というように、この家では家族がバラバラで、とくに母（李氏）と息子（徐巌甫）の仲が悪く、大喧嘩になっていた。母は娘と共同戦線を張り、娘婿をも抱き込んで息子を訴えていた。彼女はおそらく娘婿に財産を相続させたがっていたのであろう。息子は当然それに反発し、同様に訴えを起こしていたようだ。この家では夫の死後、家産をめぐる訴訟合戦が、つまり骨肉の争いが展開されていたわけである。こんな話は、南宋時代のみならず、現代日本のどこにでもころがっていそうである。その意味で、われわれの眼前には「等身大の」南宋社会が浮かび上がってくる。

本件では、寡婦となった妻が自分の思い通りに家産の継承を取り仕切ろうとしていた。彼女には父系相続制を守るという意志はなかったらしく、夫の家の祖先祭祀の継承などどうでもよいという態度だったらしい。そうしてこれが特殊な例でないことはほかの判決からも裏付けられるのである。こうした女性たちの自己主張の強さは、宋代社会の隠された特徴といってもよいほどである。中国では父系相続がしっかりおこなわれていたと思いきや、『清明集』にはこのような事例が数多く取り上げられている。しかもこれらは氷山の一角であろうから、実際にはどれだけ類似の訴訟があったか想像もつかない。

一方、この訴訟を裁いた裁判官は「それぞれが母としての道、息子としての道を尽くし、後悔することがないようにせよ」と説諭している。人倫を守り、父系制的な秩序を守らせようとしていたのである。むろん、従わなければ処罰するという脅しをちらつかせての判決であり、国家の意志はここに表明されていた。ということは、父系制の原則が国家の指導方針であったが、一般人にはこれを遵守しない者がかなりいたのである。「上に政策あれば、下に対策あり」とは現代のことわざだが、八〇〇年ほど前の南宋時代にすでに相通じる考え方があったようだ。

とすれば、われわれはこの宋代社会を歴史的にどう規定すればよいのだろうか。ある時代を規定するという作業は歴史研究者の重要な任務であり、たえず試行錯誤を続けなければならない仕事である。かつての中国の研究者のように、秦から清までを「封建社会」と片付けても何も明らかにしたことにはならない。同様に、一般的には「父系制社会」と規定するのだが、前述の事例をみればためらわざるをえない。そこに見えているのは、国家の指導原理と社会実態との乖離であった。これを踏まえていま少し柔軟な規定はできないものであろうか。たとえば、父系制を目標として社会秩序が形作られつつあった時代、とでも規定すれば事実に近いのだが、それでは、まったくあいまいだ、との厳しい批判の声が聞こえてきそうである。その出発点はいつなのか、到達点はどこなのか、また、南宋時代はどの段階にあるのか明らかにせよ、などと。そこで私はまたしばらく考えこむことになる。

ここで付け加えておけば、中国史上の妻、あるいは女性一般については、かなり誤解されてきた。一般的なイメージでは、1章で触れたように、「纏足」の習慣がよく知られているため、女性が一方的に抑圧されていたと思われがちである。しかし『清明集』の研究を続けてくると、そのイメージをくつがえすような材料がゴロゴロ出てくるのである。その気になって読み返せば、強い妻たちが相当数隠れて存在していたのだ。前述の、息子と対立していた母、李氏はその一例に過ぎない。

◈妻からの離婚請求

さて、ここで次に取り上げようとする判決文は、妻が離婚を申し出て、それをお上が認めるというものであった。1章の繰り返しになるが行論の都合上、最初に判決の全体を示しておきたい。さきに意訳したり、中略としていた部分は原文に沿って補っておく。

阿張は朱四の妻となっておよそ八年である。いったん嫁いだからには死ぬまで添い遂げるのが人の道というものである。いわんやこのように結婚後長い年月が経っているのだからなおのことだ。たとい夫に重病があったとしても、『列女伝』(漢・劉向)に載せられた宋人の娘のように、自分から進んで添い遂げるべきである。

いま朱四は、目は見え、耳は聞こえ、口は話せ、手はよく動き、立派に歩くことができる。いわゆる「蔡人の疾」などという重病はまったくない。(ところが)妻の阿張はわけもなく彼を「痴愚」とよび、棄て去ろうとしているのであり、もはや夫婦の義は失われてしまっている。その上、舅に性的関係を迫られたなどと誣告しており、はなはだしく舅に逆らっているのである。

『礼記』には「息子がその妻とたいへん仲むつまじくとも、父母が気に入らなければ、これを離縁する」とある。阿張はその夫を訴えたのだから夫と仲が悪くなっているばかりか、その舅をも訴えたのだから舅にも気に入られていない。事ここに至っては、元のさやにおさめようとしてもおさまるものではない。杖打ち六十（実際には一三回）の罰を与え、離婚を許す。その他（証人などとして拘留していた）関係者は釈放せよ。

（巻一〇「妻が夫に背き舅に逆らったので、処罰して離婚を許す」）

ここで妻・阿張の離婚に対する自己主張は明確である。ゼミでは、前述のような国家の指導方針があるにもかかわらず、妻から離婚を言い出している点と、それが結局国家によって認められているという点に注目しつつ、この判決を読んでいた。

ところでこの判決のなかで言及されている、妻が離婚を言い出した理由は二つあった。一つは舅に性的関係を迫られたというものである。同様の事案は『清明集』の中で、まま取り上げられているが、普通は事実関係があいまいだとしてうやむやにされるか、でっち上げ、つまり妻の誣告であるとして、逆に妻が処罰されている。妻の立場の弱さが前提とされている点が、南宋が父系性原理の社会とされるゆえんでもある。そうして本件でもこの部分は誣告であると認定された。

問題は、もう一つの理由、夫を直接訴えた部分である。その詳細については、残念ながら何も記されていないが、ただ、次のような興味深い事実だけは明らかになっている。つまり夫には肉体的には何も問題がないのに、妻は彼を「痴愚」とよんで「棄て去ろうとしている」すなわち離婚を求めている、という事実である。ちなみに「蔡人の疾」というのは漢・劉向『列女伝』貞順伝に出てくる言葉である。その話をかいつまんで書けば次のようなものである。蔡の国の男に嫁いだ宋の国の娘がいた。その母親は、夫の「悪疾」に気がついたので、離婚させたのち改めて別の家に嫁がせようとした。しかし娘は「夫の不幸は私の不幸です。どうしてこの家を去るのですか」などと正論を展開し、離婚しようとしなかった、というのである。つまり、いったん結婚したからには死ぬまで添い遂げるべきだとする女の道を示した話である。『清明集』の阿張の行為とは正反対の「美談」であった。

最初、この判決を読んだとき、南宋時代には気の強い妻がいたものだと、と感心した。一般的に女性が抑圧されているといわれる時代だが、なかなかどうして阿張はやるじゃないか、とみな思ったのである。しかし、ゼミの討論である視点が出されるに至って、この見方は多少揺らぎ始めた。

◈「痴愚」とは何か

その経緯はこうである。この判決文の下調べ当番はヴェテラン(調べ慣れているという意味での)Kさんだった。彼女は「悪疾」の意味について十分に調査し、次のような典拠史料を見つけてきた(『春秋公羊伝』の注)。現代の差別用語ばかりであるが、あえて訳せば「悪疾とは、聾・唖・盲・ハンセン病・禿《はげ》・跛行・くる病を謂い、人倫の属に逮《およ》ばないものである」というものだった。「禿」が「悪疾」とは恐れいったが、古代の人々の認識だから仕方がない。そしてこれらは「人倫の属に逮ばない」、つまり人類には追い付いていない(!)とされているのである。

「禿」の話で盛り上がっているうちに、ここにいう「悪疾」とは、外見でどこかが欠けている状態にあることを指しているのではないか、という意見が出た。そういわれれば確かに、例示された「悪疾」には共通する要素があるようだ。たとえば「禿」は髪の毛が欠けている状態だ。古来、「身体髪膚、コレヲ父母ニ受ク」(『孝経』)といわれるように、髪の毛は人にとって重要な部分だと意識されていた。だからそれがなくなるということは、やはり「悪疾」なのであろうというところに議論が落ち着いた。

ただし、次の点は大急ぎで付け加えておかねばならない。このわれわれの解釈が妥当かどうかは、むろんこれから慎重に調べなければならない。討論の場で出された疑問は疑問としておいておき、解決を今後の研究にゆだねるのがわがゼミのやり方である、と。

次に出されたのは、では外見には現れない症状はどうだろうという疑問である。なかでも知的障碍はどう扱われただろうかという、新入院生G君の問題提起は貴重なものだった。夫が「痴愚」とののしられているのだから、その点を考えてみることは必要である。いままで妻の強さという論点にばかり眼が向いていたわれわれとしては虚を突かれた思いであった。

これはあまり意識してこなかった問題である。かすかな記憶では、障碍を持った子供が「神の子」とされた地域もあったようだ。では中国はというとほとんど思い出せない。これまで読んだ史料の、なけなしの記憶の糸をたぐって考えてみても結局よくわからない。精神病になった人の記録はあるけれども、知的障碍者に関する事実はほとんど記録に残されていないようなのである。

で、史料の少なさから考えられるのは――これからさらに研究してみないと確かなことはいえないのだが――、知的障碍者という存在はとくに意識されていなかったのではないかということである。彼らは普通の社会の中で、みんな仲良く生活をしていたのではなかっただろうか。おそらくこうした見方が成り立つであろう。もちろん、重度の障碍があれば古代社会で生き残ることはほぼ不可能だったし、いわゆる自然淘汰の波に飲み込まれたであろう。そのうえでの話である。

とするとくだんの朱四は、知的障碍者だった可能性が浮かび上がってくる。この点については何の根拠もないが、妻からの「痴愚」という悪口は、夫に知的障碍があったからこそ浴びせられたのではないだろうか。障碍の程度はわからないまでも、妻はその我慢が限界を超えたために、離婚訴訟という強硬手段に訴えたのではなかったか。

さらに考えれば、彼女は何らかの理由で無理やり結婚させられたとも推測できる。実際、最近までこのような結婚はあったらしい。以前にみた中国映画『香魂女』(監督：薫蕭、一九九三年公開)は、知的障碍者の男性と金銭づくで結婚させられた、貧しい家の娘の物語であった。また血統の存続を重視する中国では、男子を得るための売買婚がかなりおこなわれていたようである。映画が作られたのは、こうした社会的背景があったからこそであろう。

こう考えてよいのなら、この史料に依拠して南宋時代の妻は強かったという論点を単純に主張することはできない。いままで発表してきた論文にも多少修正が必要であろう。もう少しその背景など事実関係を慎重に検討せねばなるまい。ただ、残念ながら、前掲の判決文がすべてであり、その周辺の記述は残されていない。さきに書いたごとく『清明集』は編纂史料であり、編纂者の価値観によって原文書が適宜切り貼りされているので、ほかに手掛かりが残されていないのである。したがってわれわれの議論も水泡に帰するだけなのかもしれない。

◈一つの課題

ともあれ、この史料は歴史上の知的障碍者問題について考える契機を提供してくれた。そうしてこれは社会史研究の一つの課題になり得るのである。ただ、これがはじめの一歩になって、何らかの実を結ぶのかどうかは、われわれがこのテーマを深めたいという意欲を持っているかどうかの一点にかかっている。意欲を持ったどなたか、研究してみませんか?

ちなみに次のような議論もあった。知的障碍が問題になるのは、近代になって医学が進歩し、子供の死亡率が下がり、さらに脳の構造がどうの、病気の原因がどうの、と医科学が進歩してからのことである。人々がそれを医科学的な「障碍」と認識してはじめて、知的障碍者と健常者が区別された。そうして障碍者の権利が保障される一方で、〈差別〉される恐れも増大したのではなかったか。それまでは知的障碍のあるなしにかかわらず、ある意味、みんな対等に生きていたのに、である。たまたま阿張のような〈被害者〉も生み出されはしたけれど。結局、議論の果てに見え隠れしているのは、近代化の歴史がはらむ大いなる矛盾でもあった。

【参考文献】

清明集研究会『「名公書判清明集」(人倫門) 訳注稿』汲古書院販売、二〇〇五年。

コラム3

中国映画の「黄金時代」

「まえがき」でも触れたように、私が女性史を研究しはじめた動機の一つが中国映画であった。そのあたりの事情をもう少し詳しく述べておこう。

◈中国映画との出会い

いまから三〇年以上前、毎年秋に池袋のとある名画座で「中国映画月間」といったか、週替わりでの特別上映会が開かれていた。確か、二本立て興行だったので弁当持参で見に行ったこともあった。内容は前年評判になった作品ばかりを集めたと謳《うた》われていたけれど、実験的で難解な（というよりも不気味な）作品もあり、玉石混交ではあった。ただ陳凱歌『大閲兵』、黄建新『黒砲事件』など、後に評価された名作も上映され、けっこう楽しめた。これに味をしめた私は、機会があれば中国映画をみるようになった。そこに描かれた中国農村の実態や人々の生活では、まったく知らなかった事実も多く、さまざまな意味で衝撃的であった。またそこに表明されている中国庶民の皮膚感覚のようなものを見ていると、正直、これは異世界の人々ではないかと感じられるところもあった。とくに女性の言葉の激しさや行動のしたたかさにはまったく想像もつかないものがあった。そうしてこれらの映画から得られた情報は、中国史を考える上でも大いに役立った。そこで私は機会があるごとに学生たちにも中国映画を勧めることにしていた。ここでその一端を紹介してみたい。

◈ゼミでの中国映画紹介

私のかつての勤務先では、二年生の必修単位である「史学教養演習」という半年間のゼミを開いていた。三、四年生向け本ゼミの準備段階という位置づけである。わがゼミは例年前期に開くこととし、宮崎市定氏の『中国史』(岩波全書)をテキストとしていた。この本を分担して読み合わせ、レジュメ作成や報告の演習をおこない、また内容をめぐる討論をおこなっていた。それが終了すると討論で考えたことをレポートとしてまとめ、提出させる。私が眼を通したうえで、全員分のレポートをコピーし、夏休み前に返却した。手間はかかったが、受講生それぞれの今後の参考にしてもらおうと考えてのことであった。ただし、彼・彼女らがどれだけ参考にしてくれたのかは、確かめていないけれど。

それはともかく、このレポート集の最後に付録「夏休みのための読書・映画案内」をつけた。そのねらいは長い夏休みの間に、いくらかでも〈勉強〉してほしかったからである。ここで〈勉強〉というのは、前期の復習、後期の予習などではない。どんなテーマでもよい、卒業論文のきっかけになる問題意識を見つけてほしいという意味での〈勉強〉であった。というのも三年生の終わりごろになっても卒論のテーマが見つけられず、就職活動と重なって論文への取り組みが進んでいない学生が多かったからである。二年生の夏休みの間に、中国史の著作に限らず、本でも映画でもよいから中国関係の作品に接し、自分の論文に取り組むきっかけ、つまり問題意識を持ってほしかったのである。

そこで取り上げていた本は、新書・文庫などの研究成果はもちろん、旅行記や滞在体験記などそのときどきの新刊本を主体にし、毎年少しずつ入れ替えていた。ただ映画だけはほとんど変えなかった。映画史に残るであろう名作をぜひ鑑賞してほしかったからである。かつて私のみた中国映画は、前述の通り、衝撃的で感動をよぶ作品がいくつもあり、学生たちにもきっと響くものがあるはずだと信じていたのである。結局、定年まで、それらの映画をみて感激したという学生の声を聞いた記憶はなかったけれど、それはそれで想定内である。私の自己満足でけっこうと開き直り、あえて映画情報の掲載を続けていたのであった。

◈「独断と偏見」による中国映画案内

そんなことを思い出したのは、本書の原稿を整理していたときである。本書のテーマである、中国史上の女性を考えようとするなら、映画に登場する女性像とそうした映画を受け入れる現代中国人の感性は大いにヒントになる。そこで本書にも中国映画の紹介コラムを入れてみようと考えた。USBに蓄積されていたゼミの記録を探してみたところ、ある年に配布した映画紹介がみつかった。まずはこれを再録させていただき、それに若干の補足をつけることにした。元の姿のままでは理解しにくい部分があり、また参考になると思う新しい情報もあったからである。ともあれそれを以下に掲げる。

＊　＊　＊　＊　＊

～～夏休みのための読書・映画案内～～

二か月間の夏休みを有効に過ごしたい人のために、私が選んだ「おもしろい」本と映画を紹介します。独断と偏見によるコメント付き。……有意義な夏休みを！

〈映画紹介の部分〉

★かつて中国映画がおもしろかった……

最近、DVDなどもかなり出回っているので、中国映画が鑑賞しやすくなった。中国史を専攻する人はもちろん、専攻しない人でも、機会があればぜひみてほしい。いろんな意味で、日本では作れなくなった作品ばかりです。

『黄色い大地』(監督：陳凱歌、一九八四年)解放前の辺境の農村(陝西省)。貧困と旧態依然たる「封建」的制度に押しつぶされそうになっている少女を、中国共産党は救い出せたのか？

『古井戸』（監督：呉天明、一九八七年）山西省の山地に生きる人びとにとって、水脈の発見は死活問題だった。村人たち念願の井戸掘りは成功するのか。後に監督となった張芸謀が主役を演じている。

『芙蓉鎮』（監督：謝晋、一九八七年）「文化大革命」の熱病のなかで、どんなに抑圧されても「豚のように」生き抜いたヒロイン（劉暁慶）、激動期を巧みに泳ぎ抜いた女幹部、堪えきれずに狂気におちいった村人、……。湖南省の農村を舞台にして、たくましく生きる米豆腐（ミードゥフ。屑米で造った豆腐状の食品）店の女主人と彼女を助ける知識人の物語。

『紅いコーリャン』（監督：張芸謀、一九八七年）野生コーリャンの茂る原野のなか、造り酒屋に売られた花嫁は強引に迫ってくる人夫に魅かれて……。やがて日本の侵略が始まる。主演は中国の山口百恵といわれた鞏俐（コン・リー）。酒造りの炎の色、天に浮かぶ満月の黄色と夜空の濃紺など、強烈な色彩が印象的な作品。

『菊豆』（監督：張芸謀、一九九〇年）子供を産むための道具として染色業者の嫁として買われたヒロイン・菊豆《チュイトウ》（コン・リー）。使用人と愛し合って子供を産むが、その子が成長したとき……。

『秋菊の物語』（監督：張芸謀、一九九二年）畑のイザコザで、新婚の夫が村長に「大事なところ」を蹴られた。身重の妻・秋菊（コン・リー）は、ひと言の謝罪を求めて訴訟を繰り返し、大都市の上級裁判所へ。法治を推進していた政府の宣伝映画のようにもみえるが、陝西省の農村に生きる素朴な若夫婦の姿が自然で、創作とは思えない。自己主張をつらぬく中国人的心性をも活写している。

『初恋の来た道』（監督：張芸謀、一九九九年）山村に赴任してきた若い教員と彼に思いを寄せる少女（章子怡〈チャン・ツィイー〉、これがデビュー作）。自然の美しさを背景に展開する純愛物語。日本の映画はなぜこういう素朴で美しい作品が作れなくなったのだろう。

その他の作品もぜひ。『山の郵便配達』（監督：霍建起、湖南省の山村風景が抜群）、『活きる』（監督：張芸謀、国内では上映禁止。現代史の裏側がわかる）、『鬼が来た！』（監督：姜文、香川照之が重要な配役を熱演！）、『上海家族』（女性監督：彭小蓮、母・娘の挫折と再生）など。またモンゴルが舞台の『トゥヤーの結婚』、台湾映画の『海角七号』、日本映画だが台湾を舞台にした『トロッコ』もよくできた作品。最近のものでは張芸謀『妻への旅路』がおススメ。そのほか、『無言歌』は一九五〇年代の労働改造所の悲惨さを描いて衝撃的。

映画は総合芸術！　演劇・美術・音楽、すべての要素が融合して名作になる

◈ヒロインたちの活躍

以上のように、取り上げた映画の多くはたくましい女性を主人公としていた。とくに鞏俐（コン・リー）が演じる妻たち——売り買いされる花嫁、言い分を聞いてもらえない妻、道楽で身代をつぶす男の妻——は、自分の悲惨な境遇あるいは不合理な仕打ちに負けることなく闘い続け、勝利を手にするのである。この勝利がたとい苦いものではあっても、辛く苦しい現実を生きている

中国の女性たちを力づけるものではあっただろう。一九四九年の中華人民共和国成立後、中国の女性は「解放」され、男女平等が実現されたはずであるが、それは表面上の話に過ぎない。農村部などにはまだまだ男尊女卑の通念が残っている。つい最近も子供のできない妻が虐待され、殺されたというニュースが流されていたほどである。歴史上の、抑圧されてきた女性は、ある意味で現代まで続いているのであった。

ともあれここに紹介した映画は、私がこうしたストーリーを好んでいたからとか、女性史を研究するねらいがあったからといった理由で、意図的に選んだわけではない。素直におもしろいと思った映画ではどれも女性が活躍していただけなのである。そうしてこれらの作品は私が女性史を研究しようと考えた以前から公開されている。もっとも重要なことはこれらの作品が中国のみならず世界の多くの人びとに評価され(国際的な映画祭での受賞作品もある)、支持されてきたということである。言い換えれば多くの女性(だけでなく男性も)が共感した作品であった。ここに表明された、現代中国の女性を取り巻く問題に、私たちの歴史学はどのように応えていけばよいのであろうか。私の重要な問題意識である。

◈中国映画史の一面

ところでここに取り上げているのは主に一九八四年から一九九九年までの作品であるが、この後の作品では目立っておもしろいものには出会わなかった(個人の感想で、偏見かもしれないが)。

つまり一九八〇年代半ばから九〇年代にかけてが、私が考える、中国映画の「黄金時代」である。そうしてこの論点を補強するためには、映画が製作された時代背景についてもう少し補足しておく必要があるようだ。

まず中国の現代史の動きを思い出してみる。さしあたり一九六六年、私が大学に入学した年から思い出してみよう。この年に、かの「プロレタリア文化大革命」いわゆる「文革」が始まった。いうまでもなく中国史上の一大事件であったが、当時の中国情報はきわめて不十分で、冷戦下の「竹のカーテン」の向こう側でいったい何が起きているのかほとんど情報がなかった。いまではかなり知られるようになったが、この後のおよそ一〇年間、政治は混乱し経済は停滞したし、歴史研究などはほとんどできなかった。映画はといえば毛沢東の四人目の妻・江青が指導した毛思想の宣伝映画のみであり、徹底的に統制された作品しかなかった。

一九七六年に毛沢東が死んで、ようやく文革は終息した。そこで復活した鄧小平は改革開放路線を提唱し、経済の再建が進められた。と同時に、経済だけでなく映画の復興も進んだ。いわゆる「第五世代」の監督がデビューし、次々に力作を発表しだしたのである。この「第五世代」とは一九七八年に北京電影学院に入学し、卒業後まもなく活躍し始めた監督たちを指す言葉である。第一世代から順に数えた世代ではないようであるが、この時期、有能な監督たちが隊伍を成して登場してきた。さきにあげた陳凱歌や張芸謀・霍建起はよく知られた「第五世代」の監督である。こうした中国映画史上に輝く「第五世代」がなぜ誕生したのか、その背景については研究も出されているようである。あるいは政治的要求もあったのかもしれないが、それはよくわからない。ただ、当時の社会の要請にこたえる作品であったことは疑いないであろう。経済の復興とともに、文革時代に抑圧されていた人々の自由への憧れが徐々にふくらみ、その雰囲気を先取りして映画が製作されたのではなかっただろうか。どの作品でも画面には活気があふれ、俳優たちの動きも心なしか生き生きしているように思われた。

しかしこうした自由への動き、民主化の要求は、一九八九年六月四日の天安門事件によって断ち切られた。中国政府による民主化運動の弾圧は世界から非難を浴び、中国は孤立した。けれども中国の市場としての価値はゆるぎないものがあり、この現実を認識した資本主義各国は、振り上げた拳の降ろし方にとまどい、結局それらの非難は徐々にしぼんでいった。この難局を乗り切った中国政府は、経済発展をさらに推し進め、一方ではナショナリズムを掻き立てながら、オリンピックや万国博覧会を成功させていった。その一方で、反政府的な活動家や弁護士・知識人に対する抑圧が少しずつ強まっていった。この動きは映画製作などの文化活動にも影響を与えていたと思われる。かつての「第五世代」監督作品にみられた政治への批判的視点は明らかにフェイド・アウトしていき、ハリウッド流の派手なアクション映画が幅を利かせるようにもなった。ときに社会の裏面を描いた映画もあるが、政治に対する批判はあまりなく、表現のどぎつさだけが目立つ作品も多い。

このようにみてくれば、一九八〇年代半ばから九〇年代までを「黄金時代」だったと考える理由が諒解されるのではないだろうか。人々の自由や民主化への要求が現実のものとなりつつあり、政治からの介入が弱まっていたとき、映画には活気があふれていた。もとより中国映画はその時々の政治情勢を反映するものであった。むしろ反映させられてきたというべきかもしれない。現在の香港情勢などをみていると、残念ながら中国映画はますます活気を失い、かつての面白さは望むべくもなくなっていきそうな予感がする。「黄金時代」を知る私としてはまったく残念としかいいようがない。映画好きの中国人たちは、こうした現状に満足しているのであろうか。

2章

無能な夫を持つ妻は……

――『袁氏世範』の女性観

はじめに

序章・1章でも述べたように、私たち日本人は中国史上の女性に対して抑圧された悲惨な姿をイメージしている。その重要な根拠の一つは、纏足《てんそく》という〈野蛮な〉風習の存在である。本章ではこの纏足の話題から始めよう。

◈纏足とコルセット

そこで考えてみる。纏足はなぜ〈野蛮〉なのだろうか。女性の足を無理に折り曲げるという、肉体の一部を傷つける行為だからだろうか。確かにそうした側面はあるだろうし、現代の私たちとして肯定するわけにはいかない。では一八世紀イギリスなどで流行したコルセットはどうだろう。あれは〈おしゃれ〉であり、〈美の追求〉とみられているのではないだろうか。しかし子供のときからコルセットで胸・腹部を締め付け、理想のウエスト(一七〜一八インチ=約四三〜五センチ!)を目指したというのである。その結果、胸骨が変形し、病気になって亡くなった女性もいた。だからこの風潮に対して、女性の健康を守れという批判もあったという（戸矢理衣奈『下着の誕生』）。一方、最近の研究では纏足のステイタス・シンボルとしての、あるいはおしゃれとしての側面も指摘されている（ドロシー・コウ『纏足の靴』）。とすると纏足もコルセットも肉体を傷つけるおしゃれ、あるいはステイタス・シンボルという意味では同じレベルにあるはずである。それなのに中国の纏足は〈野蛮〉とみなされ、コルセットは〈おしゃれ〉とみなされている。おかしな話だと思うが、どうだろう。そこには日本人の中国史に対する思いこみが感じられ、あるいは逆に旧態依然たる西洋崇拝の空気が感じられる。私たちはもう少し客観的な眼で中国をみる必要がある。

◈袁采の視点から

ここに中国では珍しく、客観的な視点を持って書かれた史料がある。それが袁采《えんさい》の著した家訓『袁氏世範』（以下、『世範』と略称）である。彼は地方官を歴任した下級官僚であったが、独特の視線を持っていた。彼の眼を通してみると南宋時代の女性像のきわめて興味深い側面が浮かび上がってくる。一編の家訓ではあるが、描き出された世界には普遍性があると納得させるものがある。以下、この史料を注意深く読んで、当時の〈活躍〉していた女性像を取り出してみたい。

一――『袁氏世範』について

◈『袁氏世範』とは

南宋時代の一二世紀後半、一人の県知事がいた。名前は袁采、当時の首都・臨安（現在の浙江省杭州市）の南西、衢《く》州という地方都市の出身である。彼の経歴をみると、科挙に合格したあと、おそらく四県の知事を歴任した。そうして、中央のそれほど重要ではない官職につき、そこで引退したようである。生没年は史料に残っていないが、『世範』の初版が一一七九年、再版が一一九〇年刊であるから、南宋前期が彼の人生の充実期であったのだろう。こうした経歴からいえば彼は下級のキャリア官僚である。同じような人生を送った官僚なら、掃いて捨てるほど、とはいわないまでも、かなりたくさんいた。普通なら、彼の名前が歴史上に残ることなどなかったであろう。しかし彼はきわめてユニークな著書を残し、それによって多くの人々の知るところとなった。

　その著書というのが、子孫のために書いた、三巻合計二〇六条ほどの家訓で、題名を『袁氏世範』という。書名の意味は、袁氏が書いた、世の中の模範とすべきこと、といったものである。当初、本人は〈世の中〉などと大それた書名を考えてはいなかった。自分の子孫向けの家訓で十分だったようだ。だが、この本の序文を依頼された劉鎮という同窓生がその内容に感激し、家のなかだけでなく世の中全体に広めるべきだと彼を説得し、書名を改めさせたのである。

◈『世範』のリアル

さて、さきに著者の「客観的な視点」をあげ、彼の著書は「きわめてユニーク」だと書いた。どこが客観的でユニークなのかといえば、以下におおいおい述べるように、当時の社会をきわめてリアルにとらえている点である。このあたりをもう少し説明しておこう。まず当時は文章を書くことのむつかしさがあった。それは写実を云々する以前の問題である。人々に評価される文章とは、何よりも儒教理念や中国の伝統文化を踏まえたものでなくてはならなかった。古典の素養を駆使し、ありがたい聖人の文言をちりばめ、レトリックを考えて書かなければ、いっぱしの知識人の文章とは認められなかった。さらに、リアルな社会認識という点でも問題があった。儒教の考え方では、周代の理想の世から時代が下るにつれて世の中が堕落してきたとする。だから彼らの生きた現代は種々の問題を抱えた、正すべき世の中なのであったし、彼らの生きている社会や接している人々は多くが善導の対象であった。したがってそれをあげつらうことはあっても、彼らに焦点を当ててリアルに書き表すことなど、無意味な作業でしかなかった。そのため、旅行記などを除けば、リアルな社会をテーマとした文章はそれほど多くはなかった。いま自分のまわりで起きていることやみたことそのままを書き表すのはなかなか困難だったのである。この点『世範』は独特であった。現実を冷静に見据え、問題のありかを指し示そうとしていた。

では袁采は何のために現実を見つめ、何のためにこの著作を残したのだろうか。それは一言でいえば、自分の家と子孫が繁栄し、末永く生きのびていくためであった。子孫が繁栄して祖先に対する祭祀を続けてもらえば、あの世の自分は幸せになる。当時の人々はそう信じていた。逆にみるなら、彼をこうした作業に駆り立てるだけの危機が、当時の家を取り巻いていたのである。彼らにとっての危機は北方の強敵・金というよりは、身内、子孫であった。危機は家の財産や後継者をめぐる争いの横行、そして訴訟の頻発として迫ってきていた。

◈袁采の事情

このあたりの事情を、彼にもう少し具体的に語ってもらおう。『世範』巻上「財産分割は公平、妥当にせよ」という文章の一節である。

……貧乏から身を起こし、父祖伝来の資産をあてにせずに自らの力で財産を築いた者がいる。あるいは伝来の共有資産があっても、それに頼らずに自分の資産を増やした者がいる。そうすると同族の者が必ず財産の分割を求め、県や州、その他の官府に訴える。それは十数年にも及ぶことになり、それぞれが破産してしまうまで続く。……連年の訴訟によって家の仕事が妨げられ、弁当代に金を使い、胥吏《しょり》に請託し、官僚に賄賂を贈るなどの無駄な費用に耐えられるはずがないのである。……

この前半で述べているのは、当時、本人にとってまったくいわれのない訴訟が起こされることがあったという事実である。ある人が自力で築いた財産であっても、親族(付け加えておけば、その他、赤の他人までも)があることないこと口実を設けて訴えるのである。もちろん、その財産をねらって。そして、いったん訴訟になれば「十数年」も続き、関係者が破産するまで続くことにもなる。まさに不条理な悲劇である。一方、この記事の面白いところは、こうした訴訟にかかる費用の内訳が述べられていることである。法廷に出向くための弁当代は仕方がないとしても、担当の役人どもに贈る賄賂が大きな負担となっていた。ここに出てくる「胥吏」とはノン・キャリア組、「官僚」とはキャリア組の裁判担当官吏である。彼らには相応の手数料や袖の下を渡さねばならず、その額はかなりの額にのぼった。けれども、ここに使うお金は節約できなかった。もし節約したとすれば彼らを敵にまわすことになり、裁判に負けるのは眼に見えていた。結果として全財産を失ってしまうかもしれなかったのである。こうして、いったん訴訟の泥沼に足を踏み入れるや否や、仕事を投げ出して裁判に専念せざるを得なくなる一方、猛烈な出費を強いられ、裕福な家もたちまち破産に追いこまれるのであった。だから袁采は、その対策として、一族のみんなが忍耐しあい、争いを避けるよう気をつけろと主張しているのである。つまり、わが家と子孫が生きのびてゆくために彼が見つけ出した第一の方策は、家族や同族内ではとにかく争わず、和を保つことであった。さまざまな訴訟が日常茶飯事であった当時、和を保つことなど至難のわざであったが、家を守るためには何としても努力せねばならなかった。

◈その危機感

このようなある種の危機感に駆られて、袁采は必死になって家を守るための教訓をまとめた。その際に発揮されたのが彼の持ち前の冷静な分析力である。彼は当時の社会で起こっていたさまざまな事実を冷静に見据えることによって、いくつもの教訓を引き出すことができたし、また、それを子孫に伝えねばならないと切実に感じていた。こうして『世範』というユニークな著作が残されることとなった。したがってそこには当時の社会の実態がリアルに描き出されており、それは結局、社会史研究のための貴重な史料となった。また同様な視線は女性たちにも向けられており、その記述も現実的で独特なものがあったので、いわゆる女性史や家族史の史料としても貴重なものであった。私たちはもっともっとこの史料を活用すべきであろう。

本章では『世範』という史料を題材に、著者袁采の女性観、さらにその独特な現実認識を探ってみようと思う。

二――袁采は「第一個女性同情論者」？

◈陳東原の議論

袁采の女性観については、今から七〇年も前に中国の陳東原（最近の研究によれば、一九〇二〜一九七八年）というすぐれた歴史家が取り上げていた。彼は、中国歴代の女性のあり方を網羅的に研究し、中国女性史の基礎を築いた人で、現代の研究者にも大きな影響を与えている（『中国婦女生活史』）。彼はその著書で、袁采が近代の先駆けとなる「賢母良妻」という理念を提示していたことなどを指摘し、その上で『世範』の記述を分析した。そして袁采こそは中国史上の「第一個女性同情論者」（原文）であると高く評価したのであった。「第一個」とは「第一の」とか「初めての」といった意味である。袁采は中国史上初の、あるいは第一の女性同情論者だというのだ。

◈陳氏の論拠

その根拠として陳氏は『世範』のなかのいくつかの記述を取り上げる。たとえば、次のような記述があった。

A　巻上「娘は憐《あわ》れむべきで、愛してやるのがよい」

……たいてい娘の心というものはもっとも憐れむべきものである。自分の母の家が裕福で夫の家が貧しければ、母の家の財産を手に入れて夫の家に与えようとする。夫の家が裕福で母の家が貧しければ、夫の家の財産を手に入れて母の家に与えようとする。父母や夫たる者はこの娘の心を憐れんで、彼女のいうことを聞いてやるのがよい。……

B　同前「婦人は年老いた後が、もっとも過ごしにくい」

……おおむね婦人たちは人に頼って生きている。彼女らが未婚の時は、良き祖父よりも良き父がよく、良き父よりも良き兄弟がよく、良き兄弟よりも良き甥（兄弟の子）がよい。結婚した後は、良き舅よりも良き夫がよく、良き夫よりも良き息子がよく、良き息子よりも良き孫がよい（より下の年代に頼りになる身内が必要だとする――大澤）。婦人は、若くして富と地位があっても晩年楽しまない者がいる、というのはこのことをいっているのであろう。親戚のものは婦人を矜《あわ》れみ、心を配ってやるのがよいのだ。

陳氏は、これらの記述をあげ、袁采は「娘」と「婦人」に同情を示しているというのである。確かにそのような意味に読めないことはない。とくにBの記述は女性のさみしい老後に率直に同情している。また、一二世紀という時代に、女性の境遇に関してこのような文章を書いた人はほとんどいなかった。「男尊女卑」が通常の考え方であり、女性は自立していない、あるいは自立すべきでないと考えたことが第一の理由である。その結果、女性は「人に頼って」生きている存在とみなされていたから、その老後は子や孫によって保障されなければならないというのも理由の一つである。したがって一般的にいえば、彼女らに対する配慮を文章に書き著す必然性はほとんどなかった。陳氏が袁采の記述を女性への特別な同情と解釈したのは、それなりに理解できる。

◈論拠の補足

さらにいえば、『世範』の記述は、このような同情のみにとどまってはいなかった。女性の能力を高く評価していた様子さえうかがわせる記述がある。この文章は本書の序章でも取り上げたが、中略部分を補ったうえで、あらためて確認しておきたい。

C　巻上「婦人は必ずしも家庭外の事にかかわることはない」

〈婦人は家庭外の事にかかわるな〉と一般にいわれるのは、思うに、夫と息子が有能であれば外事にかかわる必要がない、ということをいっているのであろう。もし夫と息子が有能でなく、婦人の耳目を覆い隠すなら、どうなるか知れたものではない。いまの夫は遊び惚《ほう》けたり賭博にハマったりして農地を売る人が多い。甚だしい場合は住まいさえ売ってしまうが、それでも妻は気づかないことがある。だから夫が無能な場合、彼らに外事にかかわるよう求めても何の役にも立たないのだ。息子が資産を売る場合には必ずその母が同意するが、偽の契約書に署名してしまう者がいる。重い利息で（銭を）貸し付け、（返さなければ）貸主は訴訟も辞さない。専売の塩や茶を貸し付けて転売させ、国が利益の償還を求めることになるが、母親は（息子を）制止することができない。だから息子が無能な場合、彼らに外事にかかわるよう求めても何の役にも立たないのだ。この状況こそ婦人の大不幸である。これをどうしたらよいのか。いやしくも夫たる者はその妻をいつくしみ、息子たる者はその母をいつくしみ、ただちに反省して自ら悟るのがもっともよいことなのだ。

という記述は、当時低くみられがちであった（意図的に低くみようとした側面もあるが）、女性の潜在能力を評価したものである。ここでは〈女性は家の外に出るべきでない〉という当時の一般的道徳の裏側を見通している。家を支えるべき夫が遊び人だったり、息子が詐欺に引っかかったりするように無能であったなら、女性は外の事に関わらざるを得なかったという事実を述べているのである。結論では夫と息子が反省せよといっているが、当時の男性中心社会を前提にしているからに過ぎない。無能な男性の存在は今の私たちの眼からみれば当然予測できる事態である。男性が家の長、つまり家父長で、彼がこの家を動かすのだと一般的な通念になってはいても、すべての家父長が相応の能力を持っているはずはない。ぐうたらで博打にうつつを抜かす家父長もいるし、遊びはしないまでも家を切り盛りする能力のない家父長も、必ずいる。袁采はこの厳然たる事実を見抜いていた。だから夫や息子は、妻や母を「いつくしみ」、自分の能力のほどを自覚せよと説くのである。

◈さらに補足

そしてこの見方をさらに明確に述べている記述もあった。序章で紹介したが、再度確認したい。

Ｄ　巻上「寡婦が生業を他人に託すのは難しい」

その夫が愚かで意気地がないため、自ら家業を切り盛りし、銭や穀物の出入りを計算し、他人に欺かれないようにしている婦人がいる。夫が無能なため、息子とともに家業を切り盛りし、家の破産を招かないようにしている婦人がいる。子供が幼いうちに夫が死んでしまったのに、その子をよく教育し、内外の親族と親しく付き合い、家業を切り盛りして繁栄させた婦人がいる。これらはみな賢婦人である。……

というように、無能な夫や早死にした夫の例をあげ、その逆境を乗り越えて家を盛り立てた「賢婦人」がいるという事実を確認している。

こうした多くの女性の活躍はすでに本書で指摘したところである。そこには明確な自己主張を持ち、ふがいない亭主に離縁状を突きつける女性の姿があった。したがってＤに描かれた「賢婦人」の存在はきわめて自然な状況だと理解され、袁采はそうした現実をありのままに述べたに過ぎないといえるのである。ともあれ、陳東原氏は以上のような記述を取り上げて袁采を「第一個女性同情論者」と評価したのであった。

◈異論もある

一方、そのような評価をしない研究者もいる。パトリシア・B・イーブリー氏は、『世範』を全面的に研究したことで知られている（*"Family and Property in Sung China"*）。彼女は袁采の女性に関する記述を網羅的に取り上げ、袁采も女性は男性の従属物だとみなしていたのだと結論づける。ただし、彼の見方は、同時代の著名な古典学者・哲学者であった司馬光や朱熹ほど厳しくはなかったと評価していた。主張点はかなり対照的なのだが、イーブリー氏はなぜか陳東原氏の「同情論」に対して反論していない。先行学説のなかに位置づけていないようなのである。また、私が読んだ限りでは、その他の研究者の論文でも、陳氏の「同情論」はほとんど取り上げられていない。宋代という古い時代に女性を評価する知識人が存在したなどとは認めたくないかのごとくであるが、その真意はわからない。

こうみてくると、陳氏の袁采に対する評価が妥当かどうか、あらためて考えてみる必要がある。それが現代的基準に引きつけすぎた評価だという感覚が否めないからだが、では私たちとしてはどう考えるのか、対案を出さねばならない。少し検討してみよう。

三――袁采の女性観

◈記述の吟味

私たちの作業は前掲の記述を再度読み直すことからはじめたい。史料の解釈は歴史学の基本であるから、慎重を期さねばならない。そこで前掲史料A・Bの内容をよく吟味してみるとそう単純な「同情論」ではないことがわかる。注目したいのは、ともに「あわれむ」と訳した文字、「憐」と「矜」の意味するところである。Aの「憐」は、文脈からいえばむしろ「娘はかわいい」とか「娘をいつくしむ」というニュアンスの「あわれ」である。いわば父親の娘に対する視線の温かささえ感じさせる。一方、Bの「矜」は、年老いて後、頼る者がいなくなった女性を「あわれむ」すなわち日本語の「哀れむ」という感覚であり、同情を表しているといってよいであろう。つまり同じ「あわれむ」という意味を持つ文字ではあっても、微妙にニュアンスが異なっており、袁采は両者を使い分けているようなのだ。この点は見落とせない。そうしてBに登場するような女性に対してはその直後の記述で、ある対策を提示している。

E　巻上「親戚の老女を引き取るには後のトラブルに配慮せよ」

姑の姉妹や親戚の婦人が年老いて、子孫がふがいないために面倒をみられない場合、引き取って世話をしてやるべきである。しかしトラブルは避けるよう注意しなければならない。彼女が亡くなった後、そのふがいない子孫たちが理由もなくお上に訴えて出ることがあるからだ。……だいたい立派なおこないをするときには後の心配がないようにすべきなのである。

というように、後のトラブルに配慮しつつ親戚の老女を引き取ることを勧める。そして訴訟の口実になるような隙を見せずに、そうした「立派なおこない」をするよう求めていた。つまり、袁采は彼女たちを「あわれみ(矜)」つつも、一方では冷静な対策も講じていた。

このように袁采は「娘」や「婦人」のおかれた境遇を見極めており、それに対する感想を述べ、あるいは周到な対策を講じて援助しようとしているのであった。これらを単に「同情」とみなしたのでは現代的で感情的な解釈に過ぎよう。

◈女性のおしゃべり

ついで『世範』の記述にさらに眼を凝らしてみると、女性を評価する文章ばかりではなかった。たとえば陳氏が引用しなかった次のような記述もある。

F　巻上「女どもの言葉には実がこもっていない」

家の不和とは、多くの場合、女どもが言葉でその夫や夫の兄弟を激怒させたのが原因である。思うに、女どもの見識は広くも遠くもなく、公でも平でもない。さらに、いわゆる舅《しゅうと》姑《しゅうとめ》・伯叔・妯娌《ちくり》（兄弟の妻）というのは仮の結びつきによる呼称であり、本来の血縁関係ではない。だから女どもは軽々しく彼らの恩にそむき、怨みを抱きやすい。大きな見識を持った男子でなければ、彼女らに引きずられても気がつかず、家の中に波乱が起きるのだ。……

といい、家の不和を招く原因として家内での女性のおしゃべりをあげ、彼女らの見識のなさを嘆いている。家内の女性たちのいさかいに眉をひそめ、苦い顔をしている袁采が眼に浮かぶようだが、ここでは、いわば家内に閉じこめられた境遇にある女性への同情は、まったくない。また、文字の使い方をみると、家内の女性を指す場合は「婦女」と表現している一方、前掲CやDのように女性を高く評価する記述では「婦人」と表現していた。それなりの用語の使い分けがあったようだ（ここではニュアンスを区別するために「婦人」「女ども」と訳し分けた）。

◈女性の不見識

同様に、別の箇所でも女性には「大きな見識（原文は「遠識」）」がないという。

G　巻上「親戚間の縁組では礼儀を尽くすべきである」

縁組というものは、多くの場合、親戚間で進められ、それはお互いを大事にしているという意味である。これは今の風俗のたいへんよいところである。しかし、女どもには「大きな見識」がなく、お互いよく知っているとか、よく相手を選んでいると自負することで、礼儀作法をいい加減にし、その結果、争いが起こり不和を招くことになる。これではもともと面識がない者同士が手っ取り早く縁組を進めるのに及ばないであろう。……

とあるように、親戚間で縁組をおこなう際の女性のやり方を批判している。ここでは女たちが、互いの親しさに寄りかかって礼儀作法を無視し、不和をもたらすのだという。おそらく彼の経験に基づいた批判なのであろうが、彼女らの見識のなさをあげつらうばかりである。この条文は陳氏も引用するものの、女性に対する非難の部分だけは取り上げていない。

以上、簡単にみただけでもわかるように、袁采の女性観は単純ではない。率直に高く評価している部分もあれば、おしゃべりで見識がないと決めつけている部分もある。この点で袁采は、やはり南宋という時代の常識からのがれられなかった。女性に対する差別が問題だなどと「同情」するはずもなかったのである。そのような発想はまさに近代の産物であった。したがって彼の女性観のどこか一部分のみを強調したのでは、文字通り一面的な評価となってしまう。陳氏の「第一個女性同情論者」という評価も、一面的で近代的な価値観に基づくものといわねばならない。では私たちは袁采をどのように評価すればよいのだろうか。

四——袁采の現実をみる眼

◈独特の視線

ここまでにあげた記述をみただけでも、彼の視線には独特なものがあったことがわかった。特筆できるのは、「男尊女卑」などの当時の社会通念や理念に拘泥せず、現実のなかで生きている女性を冷静に見つめている点である。それは近代的基準で単純に評価できるものではなかった。こうした袁采の視線は貴重なものとして評価しておく必要がある。この点をもう少し視角を変えて考えておこう。

◈家族道徳

たとえば彼は「父兄」と「子弟」という異なる世代の肉親を、ある意味で対等にみていた。この両者は儒教的立場では対等などというべきものではなかった。子は父に孝を尽くすべきで、弟は兄に恭順であるべきだった。それが家族道徳の基本である。しかし次の記述をみてほしい。

Ｈ　巻上「『性』というものは強いて合致させるべきではない」

人の親しい関係で、父子・兄弟を越えるものはない。けれども、父子・兄弟の間で不和になることがある。父子間では(父が子に)善行を求めることが原因であり、兄弟間では財産争いが原因である。……父は子の「性」が自分に合致することを求めるものだが、子の「性」は必ずしもそうはならない。兄は弟の「性」が自分に合致することを求めるものだが、弟の「性」は必ずしもそうはならない。その「性」は合致させることができないのだから、言行も合致させることはできない。これが父子・兄弟が不和になる原因である。……もしこの道理をすっかり悟って、父・兄たるものが子・弟の事情に通じ、自分に合致することを求めず、……そうすれば事を処理する際、かならず和合できて争いになる心配はない。……

というように、父と子および兄と弟の「性」というものは無理に合わせるべきではないと主張している。ここでいわれる「性」はなかなかわかりにくい概念であり、詳しく述べるだけの余裕はない。ただ袁采が使っている意味は、個性とか天性といった意味での「性」である。父・子も兄・弟もそれぞれに生まれながらの「性」を持っていて、それを道徳によって無理に変えるのは難しいことと理解すべきだ、と主張しているのである。この文章は巻上の冒頭に置かれていることからすれば、彼の主張の核心部分を構成するものであり、そこで父・子および兄・弟を対等であるかのように扱っているのだから注意しなければならない。

◈人間の欲望

同じように、人間の欲望に対する視線もかなり客観的であった。それは彼が現実に対して相当透徹した視点を持っていたことを意味するだろう。たとえば次のように人間の欲望を明確に承認する記述がある。

I　巻中「礼儀は欲望を抑えるための大きな歯止め」

飲食は人の欲するところで、欠くわけにはいかない。しかし道理に外れた求め方をすれば「饕《とう》・餮《さん》（ともにむさぼるの意）」となる。男女は人の欲するところで、欠くわけにはいかない。しかし道理に外れて狎《な》れあえば「姦・淫（ともにみだらの意）」となる。財物は人の欲するところで、欠くわけにはいかない。しかし道理に外れて手に入れれば「盗・賊（ともに不正取得の意）」となる。……このことについて君子は口に出していわないし、そうした欲望が心にきざすこともない。……

というように、食欲・性欲・物欲を取り上げ、その存在を明示した上で、それらを抑えるために礼儀が必要なのだと説く。ここには他の「君子」が口に出さない三つの欲望を冷静に指摘する、彼のリアルな視線がある。

◈法令批判

そうしてこの視線の延長上で、時には「国家の法令」に対する批判さえも提示する。

J 巻下「乳母を雇って自分の子を養わせることは道にそむく」

子供が生まれたのに自分の乳をあげず、他人に乳を与えさせるのは、先輩諸氏がすでに非難している行為である。ましてや出産前の乳母を求め、彼女の子を産ませずにわが子に乳を与えさせる(など許されようか)。乳飲み子があるのにそれを捨ててわが子に乳を与えさせ、彼女の子は泣き声をあげて餓死してしまうのだ。……(こうした悲惨な状況を)士大夫たちは互いに黙認しあっており、国家の法令でも禁じることができない。彼らは天を畏れないのであろうか。

というように、何らかの事情で乳母にならざるを得なかった女性の悲惨な境遇を的確に認識し、彼女らを救い出せない「国家の法令」の欠陥を指摘する。袁采は県知事という一国家機関の責任者の地位にいるのに、このような批判的視点を堅持していたことは驚くべきである。ここに彼の到達点が暗示されているであろう。

ちなみに、このような国家の法令によっても解決できない問題について彼はどう考えたのだろうか。

◈天による解決

それは前掲Jの最後に出てきた「天」が解決してくれるのである。たとえば次のようにいう。

K　巻中「小人が悪事をおこなえば必ず天誅が下される」

村里には高官の家があり、州や県の役人が手を出せないのをいいことに、横暴をほしいままにする者がいる。また裕福な家でおおっぴらに賄賂を使い、横暴をほしいままにする者がいる。……このような人には敬遠して近寄らない方がよい。その悪事が極まれば、天誅が加えられる。すなわちその家の子孫が父祖の作った家産を破壊し、村人のために復讐してくれるのだ。……たいてい悪事をなしても罰をまぬかれた者は、ある日突然その報いを受ける。いわゆる「天網《てんもう》恢恢《かいかい》、疎ニシテ漏ラサズ」(『老子』七三章)、というものだ。

この記述の前半では、村里(原文は郷村)で高官や金持ちなどの有力者が横暴な振る舞いをしていて、国家も手を出せないという現実が述べられている。このような「悪事」に対して袁采が期待するのは「天誅」である。具体的には家の財産を食いつぶす愚かな子孫どもの出現であった。他の条でも、次のような当時のことわざを引用する。

L　巻上「家業の興廃は子孫にかかっている」

……ことわざにいう。家が繁栄していないというなかれ。家を繁栄させる息子がまだ生まれていないだけなのだ。家が破産していないというなかれ。家を破産させる息子がまだ生まれていないだけなのだ。……

というように「ことわざ」を引用し、家の将来は息子たちの肩にかかっていたと賛同を示す。これは袁采だけではなく当時の人々がみな知っていた事実であった。別の条で指摘されているが、息子らのなかには、まじめに働かず、博打や遊びにうつつをぬかし、先祖の残した財産を食いつぶす者、つまり家を破産に追いこむ者がいた。そして彼らこそ親の「悪事」に対する天の処罰の代行者なのであった。

おわりに

以上にみてきたところからわかるように、袁采の著書『世範』はたいへんユニークな史料であった。そこには現実に対する冷静な視線があり、現実主義者としての袁采の面目躍如といった趣がある。したがって彼の女性に対する見方もこのような現実的視点からのものであり、彼は女性「同情論者」であったというよりは、女性も含めた現実を客観的に冷静に見つめていた人物であったと評価すべきなのである。

宋代の知識人には、このように現代に通じる感性を持った人物がいた。それは当時盛んに作られた青磁や白磁の洗練された美しさを評価する眼差しと通じる感性といえるものである。宋代とはこうした空気をかもし出した時代であり、その根源に何があったのかを研究することも、私たちにとって大きな課題である。

最後に、本章冒頭に掲げた纏足について述べておけば、その始まりは一〇世紀のことだとされている。しかし纏足が一般に普及したのは宋代よりずっと後の時代であった。袁采の生きた南宋時代にはそれほど流行していなかったと考えられる。袁采をはじめとする男性の視線は、まだかなり健全なものだったのかもしれない。

【参考文献】

大澤正昭『南宋地方官の主張』汲古書院、二〇一五年。第二部『袁氏世範』の世界。

戸矢理衣奈『下着の誕生』講談社選書メチエ、二〇〇〇年。

ドロシー・コウ著、小野和子ほか訳『纏足の靴』平凡社、二〇〇五年。

陳東原『中国婦女生活史』上海商務印書館、一九三七年初版。のち再版多数あり。

Patricia B. Ebrey "*Family and Property in Sung China*", Princeton University Press, 1984.

コラム4

『袁氏世範』の「超訳」に挑戦

大澤正昭・今泉牧子

私たちは二〇一〇年度上智大学春期コミュニティ・カレッジに一つの講座を開いた。小論はその簡単な記録であるが、『袁氏世範』を読む際の参考になるかもしれないと考え、本書のコラムに掲載することとした。

◈コミュニティ・カレッジの講座として

私たちの講座名は「宋代家訓の『超訳』に挑戦!」とした。その最大のねらいは、最近の日本ではあまりなじみがなくなっている漢文史料を解読し、受講生により身近な、そして等身大の中国史像を創り上げてもらうことであった。しかしそれだけでは、右から左に通り過ぎるだけの、〈聞き流し〉講義になりかねない。漢文史料の解釈や解説が主体の講座ではあるが、私たちはもうひとひねり加えることとした。それはこの講座のまとめとして、受講生に自己流の日本語訳をつけてもらうこと、つまり「超訳」の作成を掲げたのである。原文にはこだわらず、受講生各位がそれぞれの人生経験を踏まえて、独自の和訳をつけるとどうなるだろうかという興味である。きっと豊かで奥深い解釈が生まれるに違いないと、私たちは期待した。

このような趣旨の開講予告を出したところ、幸いにも中・高年男女六名の受講生が申し込み、講座が開かれる運びとなった。とはいえ、私たちにとってこうした試みはまったくはじめてのことであり、この趣旨をどれだけ受け入れてもらえるかたいへん不安であった。正直なところ、計八回の講座をうまく運営してゆけるかどうかさえ確信がなかったのである。ところが蓋を開けてみると、それはまったくの杞憂であった。毎回、質疑や討論が盛り上がって終了時間をオーバーし、さらに最後に提出された「超訳」のできばえも、期待以上のすばらしいものとなった。

◈テキストの選択

講座の趣旨は以上の通りなので、私たちは受講生が取り組みやすいテキストを提供する必要があると考えた。ここで宋代の家訓『袁氏世範』が思い浮かんだ。これは何よりも内容がわかりやすく、著者・袁采の考え方に共感できる部分が多い著作である。これをテキストにすれば彼の思考法などについて議論も弾むのではないだろうかと思われたのである。

『袁氏世範』は、南宋時代（一一二七〜一二七九年）に県知事などを歴任した袁采の家訓である。彼は子孫たちに「家」を絶えさせないための心構えを伝えるべく、詳細な記述を残していた。出版は一二世紀後半。その内容は「家訓」という語から想像されるような堅苦しい説教集ではなく、庶民にもわかりやすく書かれた、いわば人生への教訓でもあった。そしてこの本は日本にも輸入され、その記述のわかりやすさから、江戸時代の庶民向け教科書として広く読まれたようである。テキストとしては讃岐で出版された版本（和刻本『世範校本』）を使うこととした。これは返り点や送り仮名、あるいは注釈が付いているので初心者には比較的読みやすい版本である。

また、私たちにとって都合のよいことに、この本には戦時中の西田太一郎氏による和訳があり、また、アメリカ人研究者、パトリシア・B・イーブリー氏によっても研究され、その研究成果と全文の英訳が出版されていた（"*Family and Property in Sung China*"）。私たちはこれらの成果も利用させてもらうことにしたが、とくにイーブリー氏の研究成果には注目していた。現代のアメリカ人研究者が宋代の史料をどう解釈しているのか、詳しく知っておきたいところであった。

◈講座の進め方

さて、このテキストをどのように読解してゆくかであるが、私たちは英文学専攻の大学院生・近藤宏樹氏のご助力も得て、次のような手順を踏むこととした。

①テキストの訓読と逐語訳（担当：今泉）
②その補足と解説（担当：大澤）
③イーブリー氏英訳の音読と和訳（担当：近藤）

④質疑応答、自由討論

こうして全八回の講座を、最初の二回は基礎知識の講義、そのあと五回をテキストの読解、最後の一回を「超訳」の検討という構成にすることとした。このうちテキストの読解は、毎回一つのテーマによって読む項目をまとめ、テキストの叙述の順序にはこだわらないこととした。そのテーマとは次のようなものである。

第3回　親子関係――譲り合いの心を

第4回　息子たちへ――ドラ息子に育てない方法

第5回　家の中の女性――女というものは……

第6回　袁さんのつぶやき――世の中とは……

第7回　結婚――人生の一大事

これらはすべて全三巻中の巻上(全六六項目)から選んだ題材である。この巻の題目は「睦親」つまり家族・親族間の倫理とされているが、必ずしもこの範疇に入らない記述も多い。そこから実にさまざまなテーマを取り出すことができるのである。この他の巻にも興味深い記述はあるが、今回は時間の関係もあるので取り上げていない。

講座の概要は以上であるが、いま少し具体的に進め方を述べてみよう。それは次のような具合であった。取り上げた条文の題目は「子弟は廃学すべからず」、つまり「子供たちに学問をやめさせてはいけない」というものである。

◈漢文訓読と和訳、英訳の検討

①テキストの訓読と逐語訳（今泉）

和刻本の返り点・送り仮名にしたがって当該条文の訓読をおこない（現在の訓読とは若干異なるが、あえて和刻本に従う）、続いて逐語訳的な和訳をつける。

【訓読】子弟は廃学すべからず

大抵富貴の家、子弟をして書を読ましむるは、固《もと》より其の科第を取り、及び深く聖賢言行の精微を究めんことを欲す。然《しか》れども、命に窮達有り、性に昏明有り。其の必ず到るを責むべからず。尤も其の到らざるに因りて之《これ》をして学を廃せしむべからず。蓋し、子弟、書を知る、自《おの》ずから所謂《いわゆる》無用の用なる者有りて存す。史伝、故事を載せ、文集、詞章を妙にすること、夫《か》の陰陽・卜筮《ぼくぜい》、方技・小説と、亦た喜ぶべきの談有り。篇巻浩博、歳月の竟《お》ふべきに非ず。子弟、其の間に朝夕せば、自ずから資益有りて、他務に暇《いとま》あらず。又、必ず、朋旧《ほうきゅう》の儒を業とする者有りて、相与《とも》に往還談論せば、何ぞ飽食終日、心を用ふる所無く、小人と非を為すに至らん。

【逐語訳】子供たちには学問をやめさせてはならない

たいていの裕福な家で子弟に読書を教えるのは、科挙に合格し、聖賢の言行のすばらしさをよく学ばせるためである。しかし子弟の将来の定めには成功と失敗があり、「性」には適不適があるのだから絶対に達成せよと無理強いしてはならない。とりわけ達成できないからといって学問をやめさせることは絶対にいけない。子弟が書を理解することには、おのずと「無用の用」が存在する。歴史書は故事を載せ、文集は詞や文章が素晴らしく、陰陽の占いや道教の話また小説類にも楽しい話が載っている。篇数・巻数とも膨大で、どんなに歳月を経ても尽きることがない。子弟が朝夕それに向かえばおのずと得るものがあり、余計なことをする暇がない。またきっと儒学を業とする友人もいるだろうから、彼らと付き合い語り合っていれば、勉強に飽きて一日中ぶらぶらとつまらぬ輩と悪いことをする暇もないだろう。

②語彙の解説と和訳の補足（大澤）

「子弟」は「父兄」に対する語で「若者」の意味であるが、『袁氏世範』では家を継承する息子や孫たちを指している。本条のテーマは息子や孫たちに学問をさせるべきことを述べる。

「裕福な家」の原文は「富貴」で、本来は財産家および官位の高い人を意味している。中国では財産と地位は一体のものと認識されており、それらの総称として「富貴」などの語が使われる。

「将来の定め」の原文は「命」で、生命・運命・生まれつきなどいくつかの解釈が可能である。ここでは運命の意味にとっている。

「性」も広い意味を持っている。一般に「人間の本性」という意味で用いられ、宋代の儒学では宇宙の原理を表す「理」とともに「性理学」として議論が展開された。ただ、袁采がそのような議論を意識していたかどうかは不明である。『袁氏世範』では、現代風にいえば人間の個性といった意味で用いられることが多く、本条も含めて、袁采は各人の個性の違いを認めあうことが大事だと主張している。このような議論は、親への孝、兄への悌、つまり目上の者への服従を主張する、儒学の基本的な考え方と食い違いを見せている。しかし、こうした袁采の考え方が問題となっている様子は見えない。

「無用の用」は『老子』の有名な言葉であるから、ここで引用されること自体に問題はない。しかし、本条の文意からすると、学問をすることが「無用の用」なのである。当時の学問とは儒学の勉強で、それによって人格を修養する目的もある。これを「無用の用」だと喝破する袁采の大胆さには恐れ入るばかりである。あるいは、本条末尾の記述からすれば、「小人閑居シテ不善ヲナス」(『礼記』大学)という有名な一句を踏まえているようにも見える。「子弟」に暇な時間を与えるとロクなことにはならないから、学問でもさせておけという主張に受け取れるが、それは私たちの読み込みすぎであろうか。

ともあれ、袁采にはかなり明瞭に社会の本質が見えていたようで、当時の学問が科挙合格のためのものでしかなくなっているという事実を見透かしていたのであろう。このような意味で袁采は透徹した現実主義者であった。

本条を要するに、子孫が堕落して悪事に走らないようにするために、学問をさせよと奨励しているのである。もちろん彼らが堕落すれば「家」は滅び、血統が絶えてしまう。そうして祖先への祭祀がおこなわれなくなるからである。このような「家」と血統への危機感は『袁氏世範』全体を通じて流れている通奏低音である。

③イーブリー氏の英訳の音読と和訳（近藤）

【英訳】EDUCATING YOUNG FAMILY MEMBERS

When rich and high-ranking families teach their boys to read, they certainly hope that they will pass the civil service examinations and also absorb the essence of the words and actions of the sages. But you cannot demand your children all succeed, since people differ in their destinies and their intellectual capacities. Above all, you should not make the give up their education because they are not succeeding in the goal of entering civil service. When young people are well-read, they gain what is called the "usefulness of the useless". Histories record stories. Literary collections contain elegant poems and esseys. Even books on Yin-Yang,divination, magic, and fiction contain delightful tales. But there are so many books that no one can exhaust them in a few years. If young people spend their mornings and evenings amid such books they will certainly profit from them, and they will not have time for other affairs. Moreover, they will make friends with professional scholars and carry on discussions with them when they visit one another. Then how could they spend whole days like those who get enough to eat but apply their minds to nothing and get into trouble with riffraff?

【英訳からの和訳】家族の若者たちを教育することについて

裕福で名誉ある家柄の者がかれらの息子たちに読みを教えるときには、文官試験に受かってほしいと願っているのは確かであり、また、賢人の言葉や行動の本質を学びとってほしいとも願っている。しかし、子供がみな成功すると考えてはならない。個々の定め（運命）も違えば、知的能力にも個人差があるからである。そして、なによりも、文官試験に受からないからといって学問をあきらめさせてはならない。

若者が博識になると、「無用の用」とよばれるものを習得することになる。歴史書は物語を記録したものであり、文学集は優雅な詩や随筆を収めている。陰陽、易断、魔術、小説について書かれた本であっても、とても愉快な話を含んでいる。しかし、本というものは、それはそれは多くあるために、数年ですべて読み切ることができる者など、まずいない。とはいえもし朝と晩に時間を作り、それらの本を読めば、当然得るものがあり、他のことにかまけている暇はないだろう。こうすれば、いったいどうして、食べ物こそあれど心が何にも向けられず、不当な連中と付き合って問題を起こしてばかりいる者のような生活を送ることになるだろうか。

④大澤のコメントと全体討論

【コメント】

先に述べたように、「命」「性」にはいくつかの解釈が可能だが、イーブリー氏は「命」を運命とし、「性」は個人の知的能力と解釈している。また「文官試験」とはもちろん科挙のことである。同氏の英訳はおおむね正確である。しかし時として私たちの逐語訳と離れることがある。たとえば、傍線部の解釈では「若者」が「無用の用」を習得するのだという。私たちは、袁采の学問に対する評価として「無用の用」という引用をおこなっていると解釈したが、イーブリー氏は「若者」を主語としている。両者のどちらが正しいかといえば、もちろん私たちの解釈の方が妥当だと考えている。それは訓読部分を読み直すか、あるいは原文を手に入れて目を通してくだされば、おわかりいただけるに違いない。

ただ、イーブリー氏のように主語を明確にした解釈にも魅力を感じる。本条ではないが、主語を明らかにすることによって、より説得的な解釈となる場合もあったからである。漢文の英訳という作業は、主語を明示せざるを得ないというような、かなり厳密な史料解釈が求められる。この点、文章の構造や史料用語をそのまま取り入れることができる和訳とは違っている。たとえば、私たちは原文に主語がなければそのままでも和訳になると考える。またここでは「子弟」という語をそのまま用いて和訳しているが、英訳ではyoung family membersというように、意味を踏まえて訳さなければならないのである。こうした点を突きつめてゆくと、古典中国語・日本語・英語の構造的な相違、さらには発想の違いにまでたどり着く。興味をそそられる問題である。

【全体討論】

以上のような解説・補足をうけて質疑、討論をおこなったが、その論点はさまざまであった。南宋時代の制度・用語や社会の問題から現代中国人の考え方まで、受講生の経験、興味にしたがって多くの話題が提供された。私たちの思いもつかない疑問が出されることもあり、おおいに刺激になったし、何よりもこの討論によってテキストの読み方が深まったことは確かである。

◈「超訳」の紹介

次に、講座の最終日に発表された「超訳」のうち、本書のテーマに近い二篇だけ紹介したい。逐語訳と「超訳」を並べてみることにするので、それらの「超訳」ならぬ「跳躍」のすばらしさをご覧いただきたいと思う。

○題名：父母、妄《みだり》に憎愛すべからず

【逐語訳】父母はみだりに憎んだり愛したりしてはならない

子を持つ人はこのようなタイプが多い。子が赤子の時は可愛いがり、悪いところには目をつぶり、欲しがる物は欲しいだけ与え、したがることは好きなようにさせる。理由もなく泣き叫んでもやめるよう注意せず、泣いた理由を乳母のせいにする。友達をいじめても叱ることはせず、他人のせいにする。(そんな親に)それではいけないといえば、「小さいときは責めてはいけない」と答え、(子は)日に日に良くないおこないを身につけることになる。これは父母が甘やかした結果である。だんだん成長するにつれ、可愛いく思う気持ちが薄くなり、子に少しでも過ちがあると、憎悪の気持ちがわきおこり、小さな過ちでも拾い上げ、大悪事をしでかしたことにしてしまう。親戚や昔なじみに会うと、言葉巧みに飾り立て、一つ一つ数え上げて、ぴしゃりと「大不孝」のレッテルをはりつける。これは子に罪があるのではなく、父母がやたらと憎んだがための失敗である。愛憎が偏るのは母親から始まることが多い。父親はこの理《ことわり》を知らないと、母親の言い分に従ってしまい、考えを改めさせることは困難である。父親はこのことをわきまえておくのがよろしい。子が幼い時は厳しくし、大きくなっても愛情を薄めてはならない。

【超訳】父母の誤った愛憎について　Iさん

子を持った人間は、どうもこのようなタイプが多いようである。子が小さくて可愛い頃は、ついつい溺愛してしまいがちで、わがままな所には気がつかず見過ごしてしまう。子の要求することはなんでも聞き入れて、やりたい放題にさせてしまいがちである。寛大な心で受け入れてしまう。理不尽に子が泣き叫んでも、「やめなさい」と叱らずに、乳母のせいで泣きやまないのだと、人のせいにする。友達をいじめても、正しく見極めずに、相手の友達が悪いといって責める。そのような親の態度に「それではいけない。間違っているのはそちらの子なんだから叱るべきだ」と言い聞かせても聞く耳を持たない。返事として返ってくるのは、「こんなにあどけなくて幼い子を責めるなんて出来るわけがない」との言い訳である。子は月日が過ぎるにつれて、グレた道を突き進む。これはまちがった子育てをした親のせいである。ところが、このように月日が過ぎてゆくと、当然可愛いくない子に成長する。文字通りの不良である。親にも逆らうので可愛く思う気持ちは薄れてゆく。それどころか憎悪の気持ちが強くなり、ちょっとした過ちにも怒鳴るようになり、大悪事をしでかしたようにしたててしまう。親戚や昔のなじみに出逢うと、子の親不幸を大げさにまくしたて、実はそれ程でもないのに人々の口コミによって子のよくない噂は広まるばかりである。これは子に大罪があるのではなく、親が大げさに騒いだ挙句の果てである。理不尽な批判の故の結果である。こういった偏った愛憎劇は母親の口から始まる事が多い。父親はその「理《ことわり》」を知らずにいると、母親の大げさな言い分に従ってしまい、その状況は取り返しがつかないものになる。父親はそのことをわきまえておく必要がある。子が幼い時には厳しくしつけ、大きくなっても愛情豊かに優しさを持って対応する事が必要であろう。

○題名：婦人、年老いてもっとも処し難し

【逐語訳】婦人は年をとってからが最も過ごしにくい

人には一〇〇年の時間があるといっても七〇歳まで生きるものは稀である。あっという間に過ぎてしまうために、命が終わろうとしている人は、晩年において最も時間の流れが遅い。およそ五〇歳以前は二〇年が過ぎても一〇年しか経っていないかのようであるが、五〇歳過ぎると一〇年が過ぎても二〇年どころではない時間が経ったように感じる。婦人で高齢になった者は最も過ごしにくい。おおむね婦人は人に頼って生きるものである。未婚のうちは良き祖父があるよりは良き父親がいるほうがよく、良き父親がいるよりは良き兄弟がいるほうがよく、良き兄弟がいるよりは良き甥がいるほうがよい。嫁に行ってからは、良き舅がいるよりは良き夫がいるほうがよく、良き夫がいるよりは良き子がいるほうがよく、良き子がいるよりは良き孫がいるほうがよい。婦人は若いうちに良い暮らしをし、晩年には頼るところがないという者がいるが、それはこういう理由からなのである。親戚は彼女を憐れみ大事にするのがよろしい。

【超訳】女性にとっての老後　　Mさん

「人の一生は一〇〇年あるといっても、七〇歳に至るものは少数である。月日は一瞬にして過ぎるのだから」といわれる。しかし、貧しくなると運命づけられている者にとっては、老後は耐え忍ぶのが過酷なものである。彼らにとっては、通常五〇歳位までは二〇年過ぎるのが一〇年程に思える。しかしそれを過ぎると、一〇年が二〇年程にも思えるのだ。

長生きした女性にとって、老後は特に耐えがたい。というのも、殆どの女性は自分の生活を他のものに託さねばならないのである。結婚前の親戚においては、良き父親は良き祖父より大切であり、良き兄弟は良き父親より役に立ち、良き甥は良き兄弟を凌ぐ。結婚によって得た親戚においては、良き夫は良き義父より大切である。良き息子は良き夫より役に立ち、良き孫息子は良き息子を凌ぐ。

しばしば女性は若い時には富と名声に恵まれるが、老後に於いて困難が生じるのは、この法則に因る。親戚たちは思いやりを持つのがよろしい。

【参考文献】

大澤正昭『南宋地方官の主張』汲古書院、二〇一五年。
西田太一郎『袁氏世範』創元社、一九四一年。
Patricia B. Ebrey "*Family and Property in Sung China*", Princeton University Press, 1984.

3章

「酢を飲む」妻と恐妻家

——唐宋時代の「小説」史料から

はじめに

最近の報道をみていると、いまなお続く女性差別の実態が次々と明らかになっている。とくに某医科大学の入試における女性差別は、その根の深さと広さを感じさせるできごとだった。そこでは「合理性」という衣をまとった差別が続いていたらしい。差別をおこなった当事者たちは、女性医師は結婚・出産によって辞める人が多いからとか、専門科の選択に偏りが出るからとか、いかにも「合理的」な理由をあげて差別をおこなっていた。おそらく他の場面——企業の就職試験、就職後の昇進など——でも同じような「合理性」を与えられた差別がおこなわれているのであろう。考えてみれば、このような「合理性」を言い訳にする差別はきわめて現代的である。差別をしている人々は自分の行為を差別と認識しているからこそもっともらしい理由が必要なのだ。

しかし前近代での差別には言い訳や「合理性」は不要であった。現代に至ってようやく差別が悪だと認識されるようになったのである。とはいえ長い歴史の過程で積み重ねられてきた差別意識は容易に克服できるものではない。私たち歴史学研究に携わる者には、差別の実態をしっかり見つめながら、それを歴史学的に考えてゆく課題が与えられているであろう。本章ではこうした視点から、女性差別研究の端緒となる一つの問題――「嫉妬」を提示してみたいと思う。

◈現代の差別的認識

ところで女性差別にはさまざまなバリエーションがあるが、ある程度まとまった認識を示しているのが1章三で言及した、唐代の行政法「令」である。詳細は5章で紹介するが、これを読みなおしてみると、妻を離縁できる七つの条件(「七出」)があげられており、そこに差別意識の根源をみることができる。条件とはすなわち、

一、男子を産んでいない。二、淫乱である。三、舅・姑に仕えない。四、おしゃべりである。五、盗癖がある。六、嫉妬深い。七、悪い病気を持っている。(仁井田陞『唐令拾遺』に拠る)

であった。妻がこの七項目のいずれかに該当すれば離縁できるという規定である。このうち一・三・五・七は事実を確認すれば了解できる条件であり、二もたとえば不倫関係が発覚した場合に「淫乱」と認定すれば明確な事実となる。しかし、四・六はきわめてあいまいな規定であり、ここに差別的な認識が潜んでいる。つまり「えてして女とはこういうものだ」という認識を前提にして、「こうであってはいけない」から離婚の正当な理由として認めるのであろう。これらにはもち

ろん明確な概念規定はなく、男性の価値観の押し付けに過ぎない。「おしゃべり」で「嫉妬深い」男性はたくさんいる。付け加えれば、「淫乱」な人はむしろ男性の方に多いだろう。

けれどもこのような差別的認識は現代まで生き延びてきた。たとえばかつて「男は黙って○○ビール」というコマーシャルが好評だったのは、男性はこうあるべきで、おしゃべりな女性とは違うのだという認識が共有されていたからである。これはおそらく男性のコピー作者が無意識のうちに作ったのだろうが、彼の意識の根底には差別意識が潜んでいた。このような、現代人にも染みこんでいる差別的認識の一つが前記六の「嫉妬深い」＝「焼餅焼き」である。これを手がかりにして婚姻関係における妻の地位を考えてみようというのが本章のねらいである。さしあたっての舞台は唐宋時代、用いる史料は「小説」である。

なお「小説」史料の有効性については序章で紹介した。必要な方は、まずそちらに眼を通してくださるようお願いしたい。以下で主に用いる史料は『太平広記』(『広記』と略称)と『夷堅志』である。

一――『太平広記』にみる家族および妻と母

(1)唐代の家族

最初に『広記』に取り上げられている妻(および母)についてみよう。そのためには家族の変化をおさえておかねばならない。かつての私の研究では、家族のあり方は唐代から宋代に至る間にかなり変化した(『唐宋時代の家族・婚姻・女性』)。一夫一婦の関係が強くなり、そうして小家族としてのまとまりが明確になった。簡潔にいうなら、唐代以前の家族は宗族《そう》という父系親族のなかに埋もれる傾向が強く、宗族の秩序が優先され、個別の家族はその傘の下にあった。婚姻関係を例とした場合、個人の自由な恋愛、家族内での話し合いなど望むべくもなく、結婚は宗族内で決められた、といえば理解されやすいであろうか。この傾向はとくに上流階層で顕著にみられた。そうした意味で、自立度の低かった個別家族の自立傾向が強まっていったのである。

◈家族を取り巻く宗族

そこで最初に、『広記』を題材に宗族と家族のあり方をみておきたい。たとえば「妻族」という呼称があった。これは正史にも使われている名詞で、妻方の宗族という意味である。たとえば『旧唐書』巻一二七源休伝に、源休という人物が妻を離縁したときの話が載せられている。この離縁に納得しなかった「妻族」が訴え出て、取り調べがおこなわれた。しかし源休は取り調べの文書に回答しなかったため官僚から除名されたという。ここで「妻族」は一族の娘である妻の地位を保護する役割を果たしていた。このように夫と妻の関係は宗族関係のなかに位置づけられていた。小説にもこの類の話は多く残されている。たとえば、

李清は……代々染め物業を営んできた。……家は豊かで、地方の大家となっており、子孫や内外の姻族は百家余りとなっていた。……李清は、誕生日の十日ほど前、急に姻族を招いて酒食の大盤振舞をし、次のようにいった。「私はみなさんのおかげで大過なく仕事ができ、暮らしてくることができました。そうしてここまで裕福になったのです。……」と。……

（『広記』巻三六「李清」）

とあるように、李清という大きな染め物業者は「子孫や内外の姻族」つまり家族・宗族と姻族（妻たちの一族）との関係のなかで生きてきたのである。彼の言葉は、いまの私たちの感覚では儀礼的なものとも思われるが、当時においては、より実質的な意味を持っていたのであろう。同様に、一族の中で遺産の処分をめぐる話し合いが持たれたという例もある。

鎮州（現在の河北省）の士人劉方遇には家財数十万があり、その妻田氏は早くに亡くなっていた。……（田氏の弟の田令遵《れいじゅん》は）資産の運用がうまく、劉方遇は財産を運用させて利益をあげていた。……方遇が病死したとき、息子は幼くて家業を継ぐことができなかった。方遇の後妻と（嫁に出ていた）二人の娘は一族を集めて相談した。財産は田令遵が殖《ふ》やしたものであったので、彼の姓を劉に改め、方遇の後継ぎにするよう願った。……

（『北夢瑣言』巻二〇）

この話が載せられている『北夢瑣言《ほくぼうさげん》』は唐・五代の記事を収録した小説史料である。ここでは後継ぎと遺産の処分をめぐって宗族の会議が開かれていた。家族を取り巻く宗族の影響力が大きかったことが理解できるであろう。

◈杜子春にみる夫婦と母子

ではこの時代の家族の結びつきはどのようなものだっただろうか。家族内部の夫婦関係と母子関係を考えてみたい。格好の題材は、芥川龍之介が翻案したことで有名な杜子春の話である。この話の内容を大まかにいえば――芥川の作品で読んだ方もおられようが――杜子春が仙人になろうとして果たせなかったというものである。仙人を志願した彼は道士によって厳しい試練が課せられた。目の前で起きる出来事に対して一言も言葉を発してはならないという試練である。そこで見せられた強烈な場面は妻と子に対する虐待であった。まず妻への虐待と杜子春の対応は次のように描かれている。

……そこで将軍は杜子春の妻をとらえてきた。彼女を庭先に引きすえ、……やがて妻はむち打たれて血を流し、弓で射られたり、刀で斬られたり、また煮られたり焼かれたり、堪えきれない責め苦を受け始めた。そこで妻は泣きわめきながら「……あなたが一言おっしゃってくだされば、私の命が助かるのです。……」と。……杜子春はとうとう見向きもしなかった。……

というように、杜子春は虐待される妻の願いをまったく無視することができた。次の試練は子に対する虐待である。

（杜子春は女に生まれ変わり、二歳の息子がいる）……（その夫は）息子の両足を持ち、頭を石にたたきつけた。たちまち頭は砕け、血は数歩の向こうまで飛び散った。杜子春の心のなかに愛の気持ちが生まれて、ふと道士との約束を忘れ、思わずあっと声をあげた。……

（『広記』巻一六「杜子春」）

ここで母になっていた杜子春は子への虐待を正視するに忍びず、声を漏らしてしまったのである。妻に対する虐待は無視できても、子に対する虐待は無視できなかったのだ。つまりこの話の背景に思いをいたせば、家族のなかでは夫婦関係よりも強い母子関係があったことになる。しかし、母子関係は人間関係のなかでも本源的なものであるから比較にならないという批判があるかもしれない。

◈夫婦関係

そこで唐代の夫婦関係を示す小説史料をあげてみよう。

東平県尉（現在の山東省、県尉は警察署長）の李麐《どん》ははじめて官位を得、洛陽から任地に赴いた。夜、ある町の旅籠に投宿した。そこに胡餅（西域伝来の小麦粉食品）を売って暮らしている胡人夫婦がいた。妻の鄭氏は美人であったので、李はひと目見て気に入り、その旅籠に数日間泊まり続けた。そうして十五貫でその妻を買い取った。……　（『広記』巻四五一「李麐」）

ここで李麐は美しい人妻を一五貫という代価で買いとった。一貫は銅銭一〇〇〇枚であるから安くはないが、妻を買うことができたのである。妻を売るにあたってどういう事情があったのかは書かれていない。胡族の習慣だったのか、あるいはこの胡人が困窮していたのかもしれない。しかし淡々と書かれていることからすれば、当時さほど珍しい話ではなかったのであろう。

こうした妻の売買ではないまでもいわゆる不倫関係はしばしば小説の題材として描かれている。たとえば、貞元三(七八七)年に、李章武という男が華州(現在の陝西省)に友人を訪ねていった話がある。

……(彼が)おもてを歩いていると、……一人の女を見かけた。たいそうな美人である。……(彼はその)美人の家に住み込んだ。この家の主人は姓を王といい、美人はその息子の嫁だった。だが彼女は李章武に惚れこんで密通するようになった。ひと月余り経つうちに李章武は三万以上の金を使ったし、嫁の出してくれた金はその二倍にもなるほどであった。……

(『広記』巻三四〇「李章武伝」)

というように話が展開してゆく。話の筋は、残念ながら小論の扱うところではない。ここではただ小説史料に婚姻外の性的関係がしばしば登場していることを述べたかっただけである。それは逆にいえば夫婦関係の弱さの表明である。小説史料であるから興味本位にその点が強調されている可能性、あるいは不倫などいつの時代にもあるという批判は、もちろんある。しかし儒教倫理が推奨されていた唐代に、こうした話題がありふれたものであったことは確かである。この点についてはⅠ章二で紹介した「淫婦河間」の話も思い出していただきたい。それらから夫婦関係の弱さを読み取ることができるだろう。

では、夫婦関係に限定せずに、家族の姿を描いた史料はないのだろうか。もちろん私はそうした史料を探した。しかし見つからなかった。絶対なかったかと問い詰められれば、答えに窮するのではあるが。ともあれ唐代の家族像を描いた史料はみつかっていない。ではこうした夫婦のつながりが弱い社会で妻たちはどう生きていたのか。次にみていこう。

(2)「酢を飲む」妻——妻の抵抗

◈「酢を飲む」

日中辞典で「(男女間の)嫉妬」という語を引くと「吃醋《チーツウ》」つまり「酢を飲む」という中国語が出てくる。日本語では妻が嫉妬することを「焼餅を焼く」というが、中国語では「酢を飲む」と表現するのである。この言葉には典拠があり、それは次のような話であった。

兵部尚書(軍務大臣)任瓌《じんかい》は、その功績によって唐の太宗皇帝より宮女二人を賜った。ともに絶世の美女であった。任瓌の妻・柳氏は嫉妬し、二人の頭髪を焼いて丸坊主にしてしまった。太宗はこのことを聞いて、柳氏を宮廷によびつけ、金の壺に入った酒を与えていった。「これを飲めばたちどころに死んでしまう。……ただしこののち嫉妬をやめるなら、飲む必要はない。もし嫉妬を続けるなら、いますぐ飲め」と。……柳氏はこれを飲み干して倒れ伏したが、死ぬことはなかった。実は毒薬ではなかったのである。……太宗は任瓌にいった。「妻の性《さが》とはこのようなものだ。朕でも畏れるものだ」と。

（『広記』巻二七二・「任瓌の妻」）

後に、ここにいわれている酒は実は酢だったのだということになって、「酢を飲む」という言葉が「嫉妬する」という意味で使われるようになった。名君といわれる唐の太宗が、大臣の妻の嫉妬をやめさせたかったけれど、その権力をもってしてもできなかったというのである。この話は女性の嫉妬の強さを表す言葉として定着した。男性の嫉妬もあるのに、それを象徴する言葉は、ない。

さて、任瓌の妻が嫉妬深かったという点については正史である『旧唐書』にも記されているが、この具体的なエピソードまでは書かれていない。『旧唐書』の編者が、この話は正史に載せるような品格のある記事ではないと判断したのかもしれない。おそらく小説史料だからこそ残された記録なのであろう。ともあれ柳氏は「嫉妬」という武器で夫と闘ったのである。夫婦関係が弱く、妾が何人いてもおかしくない時代に、妻である彼女は自分一人を大事にするよう夫に迫ったのであった。

◈恐妻家の存在

この話は、当時、かなり評判になったようで後日譚も『広記』に載せられている。

……後日、杜正倫《とせいりん》が任瓌をからかった。すると瓌は次のようにいった。妻というものには怖いところが三つある。娶ったばかりのときは菩薩さまのようである。菩薩さまを恐れない者がいようか。しばらくして子を産むと、子育て中の虎のようになる。虎を恐れない者がいようか。年老いてシワが寄ると鳩盤荼鬼《くばんだき》（仏教で、人の精気を吸い取るとされる鬼神）のようになる。鬼神を恐れない者がいようか。だから妻をこわがるのは何らおかしいことではないのだ、と。これ聞いていた人は大喜びした。

（『広記』巻二四八「任瓌」）

ここで「妻をこわがる」と訳したが、この原文は「怕妻」である。「怕」は「恐れる」という意味だから「怕妻」は「恐妻」と同じ意味である。任瓌は恐妻家であった。この話は他に関連史料がないので、その信憑性を確かめることはできない。誇張された作り話かもしれない。しかし『広記』が典拠とした『御史台記』は韓琬という人の著書であることはわかっており、相応の信頼を寄せられる小説史料である。また、作り話であるとしてもこのような話が当時の官僚・知識人に受け入れられていたことは事実であり、いわゆる恐妻家という存在が市民権を持っていたことは疑いない。「酢を飲む」妻と「恐妻家」は対になった言葉とみなしてもよいであろう。こうしたエピソードは唐代の小説史料にいくつか出てくる。もう少し紹介しておきたい。

◈迫りくる妻と敵

唐末、黄巣の乱(八七五〜八八四年)が熾烈を極めていたときのことである。

中書令(中書省の長官)の王鐸《たく》は、……黄巣軍を防いでいたが、敵軍は近づきつつあった。これより前、彼が戦陣に赴く際、お気に入りの妾たちを引き連れてでかけていた。その嫉妬深い妻も後を追う予定であったが、まだ到着していなかった。突然報告が届いた。「夫人は都を離れ、こちらへ向かっています」と。王は側近にいった。「黄巣は南から迫ってくるし、妻は北からくる。朝も晩も気持ちの休まるときがないよ」と。側近たちは戯れていった。「黄巣に降るのが一番です」と。王も一緒に大笑いした。

(『広記』巻二五二「王鐸」)

これは嫉妬深い妻と恐妻家の夫を対比させた笑い話である。黄巣軍は強大な勢力を誇り、全国各地を略奪して回った反乱軍であった。唐王朝は素早い対応ができず、反乱は長期化して長安を占領される事態にもなった。結局鎮圧はしたものの、唐王朝への打撃は大きく、このあとまもなく滅亡することになる。このような深刻な戦争のさなかにしては、かなり余裕のある会話である。作り話かもしれないが、王鐸の夫婦関係や当時の妾などのあり方はよくわかる史料である。

以上にあげた例以外にも嫉妬する妻と恐妻家の史料は多い。そこで注意したいのは、これらの話が夫の笑い話として扱われている点である。だが妻は笑い話の種として嫉妬しているのではなかった。真剣に自己主張していたのである。妻にとって夫が妾を持つというのは深刻な問題である。たとえば、自分に男子ができず、妾に男子ができた場合、離縁される可能性もある。こうした妻の弱さをカバーするのがさきにみた「妻族」であった。しかし、夫の方は恐妻家という自虐的な話題で周囲の笑いを誘っている。この夫と妻の間の意識のギャップをどう考えればよいのであろうか。私はここに、確立されつつある男性中心社会に所属する夫の余裕をみる。妻が嫉妬して暴れても自分の地位は安泰だという余裕である。このように唐代の夫婦関係はまだ弱かった。それが弱いということは、つまり妻の立場が弱いということをも意味していた。そうして妻は嫉妬を武器として、自分の地位を確保すべく闘わざるを得なかったのである。では南宋の『夷堅志』ではどうだったのか、目を転じよう。

二——『夷堅志』にみる家族および妻

(1)『夷堅志』の家族

唐代までの家族像が史料に現れないのとは異なって、『夷堅志』には庶民の小家族の姿が描かれている。それは夫婦と子供からなる四〜五人家族である。たとえば次のような家族がある。

◈庶民の小家族

饒《じょう》州(現在の江西省)の貧民である蕭《しょう》七は……あぶり肉を削ぎ売りする商売をおこない、わずかばかりの利益を得て妻子を養っていた。慶元三(一一九七)年十月十九日の夕方、商売を終えて、家に帰り、飯を食べ、足を洗って寝た。……それまで何の病気の兆候もなかったのに、彼は突然死んでしまった。妻は胸をたたいて慟哭し、為すすべもないありさまであった。……三日後、隣町の黄婆という女が白髪の老人の夢をみた。彼がいった。「……彼の妻を柴主簿《さい》(県の事務官)の家へ行かせ、『仏頂心経』を借りて僧侶に懺悔《ざんげ》してもらえばよい」と。……妻は柴家を訪ね、……この経典の版木を手に入れ、印刷工を雇って千冊を印刷し、二人の僧侶に読経してもらった。……

（『夷堅三志』壬巻六「蕭七の仏典」）

ここに描かれているのは夫婦と子供からなる典型的な小家族である。そうして心から夫を思う妻が登場している。彼女は夫の死後、貧民の身でありながら大金を投じて供養をしてもらった。話の結び部分は省略したが、亡き夫が妻の夢枕に立ち、お前のおかげで別のところに生まれ変わることができたと報告したというのである。ここには夫婦愛が表現されていて、現代の感覚でも理解できる話であった。こうした妻の行動はまさに夫婦関係の強さを物語っている。

このように『夷堅志』に収録された話は、小家族としてまとまった家族像を表しているものが多い。唐代との違いは明瞭であるが、もう少し例をあげる。

◈都市と村の家族

次に都市住民の家族と村民の家族である。まず都市住民から。

首都臨安（現在の浙江省杭州市）の住人、郭倫は上元節（一月一五日におこなう祭）の夜に家族を連れて街の灯籠見物に出かけた。帰りがやや遅くなり、狭い小路を通りかかると、十人ほどのゴロツキに出会ってしまった。彼らは並んで歌を歌い、騒がしく笑いあっていたが、郭倫等の様子をうかがうと、道を遮ってからんできた。倫は対抗する力がないと思い、追いつめられてしまった。ところが、突然、青い衣に頭巾をかぶった道士が現れ、ゴロツキどもを責めていった。……妻と娘は隙をみて逃げた。……倫は道士を追いかけ感謝していった。「先生とは日頃お会いしたこともないのに妻子を危機から救ってくださった。……」と。……

（『夷堅志』補巻一四「郭倫が観灯に行く」）

ここに登場する郭倫は首都の住人である。家族連れで夜の灯籠見物——現在でも「上元観灯」は派手でにぎやかな行事である——に出かけるくらいだから、生活に余裕がある階層であろう。このとき夫は妻と娘を守ろうとしていた。結局は不思議な道士に救われたのであったが、ここには家族というまとまりが描かれ、夫がそれを保護している日常がうかがえよう。一方、農民の話もある。

乾道元（一一六五）年、衡山《こうざん》県（現在の湖南省）の民はお祭りで酒を飲み、大いに酔っぱらってしまった。日暮れになって一人で帰っていったところ、田のあぜ道の水たまりにつまずき、恍惚状態になった。彼はあぜ道を急いで帰り、家に着いたが、入り口の戸は閉まっていた。これをたたいても応答はなかった。しかし身体は戸の隙間を通って中に入ることができた。その妻はベッドで麻を紡いでおり、二人の子供が前で遊んでいる。妻は時おり夫が夜になっても家に帰ってこないと愚痴をこぼしている。民は叫んだ。「俺はここにいるぞ」と。しかし妻にはまったく聞こえていない。彼は怒り罵ったが、それでも妻は答えない。民は驚いていった。「俺はもはや死んでいるのではないか」と。……妻は夫が深夜になっても帰ってこないので、隣人を雇い、松明《たいまつ》を持って彼を捜索した。……

（『夷堅丙志』巻八「衡山の民」）

この話は前半と末尾の必要な部分だけを引用した。ここで注目したいのは、この男の家族の情景と、彼が帰宅しなかったときの妻の行動である。まず彼の家族が夫婦と二人の子供から構成されていたことが書かれている。典型的な小家族である。酒を飲んで夜まで帰ってこない夫に対して愚痴をこぼしている妻の姿は現代にも通じる情景である。もう一つは妻の行動である。夫を探すために隣人を雇ったという。日本の村ならば共同体があるので、緊急の場合は助け合うはずだから、もちろん無償である。しかしこの話では「隣人を雇」っていた。原文は「倩隣人」である。「倩」が「請」の誤りだった可能性もあるが、中国の村落のあり方からいえば、つまり日本のような村落共同体が存在しなかったことからすれば、ここは誤字ではない。当然、無償ではなかった。妻は何がしかの代償を払ってまで夫を探したのである。ここに夫婦関係の強さが読み取れるであろう。村の小家族はしっかり結びついていた。

◈弱い夫婦関係

以上のような夫婦の強いつながりが描かれている一方、信頼関係の弱さを表す話もある。現実社会にはさまざまな夫婦がおり、それらを史料が反映しているのである。たとえば次の話。

陳徳応侍郎（省の次官あるいは副部長）の娘（陳氏）は会稽（現在の浙江省）の石氏の嫁となり、一人の男子を儲けた。そこで石氏は病気になった。臨終に臨み、陳氏の手を取って別れの言葉を述べた。「私はお前を気に入り、普通の夫婦とは比べられないほどであった。私の死後、お前はわが子の面倒を見、きっと他家に嫁ぐことなく、私の思いに報いておくれ」と。これを聞いた陳氏はぐずぐずして答えなかった。石氏は怒り、「よく新夫につかえ、もとの夫など思い出すな」といって亡くなった。陳氏は嘆き悲しみ、思慕の情で痩せ細るほどであった。ほどなく陳氏の父親が広東の長官として赴任し、彼女を任地に連れていった。そうして彼女の年齢が若いのを憐れみ、婿を探してきた。陳氏は辞退することができず、再婚した。結婚して一年余り。前夫が向こうからやってくるのが見えた。……（『夷堅甲志』巻三「陳氏の前夫」）

ここで夫は妻に、自分の死後、再婚しないよう求めたが、妻はその想いに応じなかった。夫の死後に「嘆き悲しみ、……痩せ細るほど」だったと書かれているが、妻の本心だったか、演技だったかはわからない。夫の死後、喪に服す儀礼が強要されることもあるからである。この話の末尾では夫の幽霊が現れて子と妻を殺してしまい、妻に報復するのである。この夫婦の場合、そのつながりは薄かったのである。これとは逆に妻の願いを聞かない夫の話もある。

鄭畯《しゅん》は……宝文閣待制（皇帝のブレーンである官僚）鄭閎中《こうちゅう》の息子であった。王氏を娶り、一女泰《たい》娘《じょう》をもうけた。王氏は臨終の折、夫の手を取り頼んでいった。「絶対再婚しませんように。泰娘の面倒をみてください」と。彼女の死後、鄭は妾を買った。しばらくしたころ都の滕《とう》氏の娘が年頃を迎えていた。鄭はその美貌を聞き、王氏との約束に背き、結納を贈った。ある朝、まだ寝床にいるとき王氏が寝室に入ってきた。ベッドのそばにじっと座り、……再婚の理由を聞いた。……王氏がいった。「既に約束したことは繰り返しません。私の生前のように、よく泰娘を養育してくれれば問題ありません。心配などしないのです」と。……妻は「十年後、長江の舟の中でお会いしましょう」といった。……

（『夷堅甲志』巻一六「鄭畯の妻」）

この話では、妾を持つことが問題ではなく、滕氏と正式に再婚することを王氏が責めていたのである。結局、夫は妻がいったように、一〇年後、長江で死んだのであった。前話と同様、夫婦の信頼関係を裏切った者が罰を受けたのである。その内容で読み比べれば、これらの話は夫婦の信頼を裏切ってはいけないという教訓を広める意図を持った話だったのかもしれない。またこれらの話では夫と妻に下された罰に区別はなく、夫婦平等であるところが興味深い。それはともかく、前掲の庶民の話に比べると、夫婦の信頼関係が弱かったことがわかる。考えられる理由の一つは、両者とも高級官僚とみてよい上流階級に属した男女だったことである。その世界では政略結婚が通常の婚姻であったから、個人的な性愛で結合する庶民とは基本的に異なる関係であった。

◈妻の不満

こうした打算的な婚姻の当事者同士は不満も持っていたであろう。『夷堅志』にはそのような妻の言葉も記されている。

(洪邁の姻戚である張五姑は)襄陽《じょうよう》(現在の湖北省)の董《とう》秀才に嫁いだ。夫は惰弱で自立心がなく、彼女は自尊心が高かったので、常にその夫をさげすんでいた。うつうつとして満たされることなく病気になった。靖康年間(一一二六～一一二七年)の冬、……夫が漢江で死んだ。……彼女はその母に付いて南陽(現在の河南省)に行き、酒を飲み笑い楽しんだ。まったく哀れな様子ではなかったし、病気も徐々に回復した。ある朝、(夫の霊が現れて)彼女に語るには「お前は再婚してはいけない。再婚したらお前を殺すぞ」と。……彼女はこれを叱りつけていった。「私はいつもあなたに煩わされていました。すでに死んでしまったのに、なお私にまとわりつくのですか。たとい他人に嫁ごうともあなたには関係ないことです」と。……

(『夷堅丙志』巻一四「張五姑」)

ここに登場する張五姑は誇り高い女性で、自分の意に添わぬ結婚には満足できなかったのである。その不満は夫の幽霊に向かって放った台詞に見事に現れている。ここは啖呵を切ったと言い換えるべきであろうが、当時の多くの妻たちの気持ちを代弁していたのである。

このように庶民階層と上流階層の夫婦の結びつき方には強弱があった。もちろん例外はあるが、属する階級によって夫婦関係の強さは異なっていた。上流階層の政略結婚は本人の意思と関係なくおこなわれるものである以上、これらの話はそうした事情を的確に表していたことになる。

◈「妻家」の存在

ところでさきにみたように唐代には「宗族」「妻族」など、家族をめぐる一族が影響力を持っていた。宋代にはこうしたつながりはなくなったのであろうか。『夷堅志』には「妻族」ではなく「婦家」「妻家」という語がしばしば登場し、妻を支えていた。それらをみよう。

唐州方城県(現在の湖北省)の胥吏頭・張三の妻は、もと娼婦であった。……彼女は数人の妾を殺したが、夫は彼女を恐れ何もいわなかった。後に息子の妻を殺した。妻の家は県に訴え出た。県尉に命じて死体の検分をさせた。……

(『夷堅甲志』巻一五「犬が張三の頭をかじる」)

とあるように妻の家(原文は「婦家」)は嫁に出した娘の後見人の役割を果たしていた。さらに次のような話もある。

信州玉山県（現在の江西省）の民、謝七の妻は姑に孝養を尽くさなかった。食事には麦飯を与え、それも十分ではなかった。……紹興三十（一一六〇）年七月七日、……（僧侶をいじめた妻の身体が、少しずつ牛に変わっていった）……その夫は走って妻の家に行きこのことを知らせた。父母があわててやってきたが、すでに全身が牛に変わっていた。……

（『夷堅丙志』巻八「謝七の妻」）

というように妻に何か変事があれば駆けつけてくるのは「妻の家」であった。しかしこの家とは一族ではなく実の父母である。この他にも「婦家」「妻家」という言葉は使われているがその意味は「妻の実家」である。この点で宋代の家族は宗族などと距離ができていたといえよう。それは上流階層に顕著だった宗族的つながりが後退し、その傘の下にいた小家族の自立度が高まったことを表す。一方、庶民階層においても小家族のまとまりはいっそう強固になっていた。『夷堅志』の率直な記述はこうした歴史的な変化を表現していたのである。

（2）嫉妬する妻、強い妻の行方

では、唐代の「酢を飲」んで抗議する妻はいなくなったのであろうか。結論を先取りすれば、そんなことはありえなかった。たとえば洪邁の随筆『容斎四筆』巻一四には嫉妬深い妻の話が記されている。

……〔王賓《ひん》は監軍〔軍隊を監督する官〕であったが、その〕妻はきわめて嫉妬深く、気性が荒々しかった。当時、監軍が家族を連れて任地に赴くことは許されていなかった。しかし妻は勝手に任地にやってきた。賓はこのことを逐一皇帝に報告した。皇帝は妻をよびつけて叱責し、……杖打ち百回〔実際には二〇回〕の罰を与えた。そのうえで配流し、忠靖軍の兵士の妻とすることとした。ある夜、妻は死んだ。

嫉妬深く、勝手な行動をとる妻は、皇帝の権力によって処罰されたのである。さきにみた唐代の「酢を飲む」妻と比べれば何と厳しい処置であったことか。つまり宋代には嫉妬する妻、強い妻に対する風当たりは各段に強まっていた。

◈虎になった妻

『夷堅志』にも同様な話がある。

乾道五〔一一六九〕年八月、衡《こう》・湘《しょう》州〔現在の湖南省〕のあたりに趙生と妻の李氏が仮住まいしていた。妻は神経性の頭痛に苦しみ堪えられないほどであった。……婢女《はしため》たちが病床に侍っていたところ、突然猛々しく吠える声を聞いた。驚いて見ると、李氏の頭が虎に変わっていた。……趙は友人の樊《はん》三官を呼んできて、事情を告げ、元に戻せないかと頼んだ。すると樊は「できません。李氏の人柄が無礼なことは誰もが知っています。天が警告しているのでしょう。……」と。……李氏は死んだ。彼女は生前、心がねじけていて嫉妬深かった。舅姑には孝養を尽くさず、親族や隣近所には乱暴だった。趙生はあえてこれを抑えなかったのである。このような事態になっても、誰も憐れまなかった。（『夷堅丁志』巻一三「李氏の虎の頭」）

この妻は嫉妬深いだけでなく、周囲の人にさんざん迷惑をかけていた。夫は彼女に恐れをなして離縁もできなかったのであろう。この行状に対して天が罰を下したというのである。いかにも教訓めいた話になっているが、実話のような体裁で記されている。

◈嫉妬と酒癖

同様に次のような話もある。

洛陽の張濤《とう》は、宣和六（一一二四）年、……その妻を亡くした。……（同年の冬に都の相国寺で妻に出会った。どうしているか尋ねると）妻が答えた。「……あなたは明日、食事の後に尋ねて来ることができるでしょうか。お迎えの童子が道で待っています」と。張はいうとおりにして妻に会った。妻は泣いて訴えた。「私は日ごろの嫉妬深さと酒癖の悪さのために、ここで罰せられています。……」と。……

（『夷堅支丁』巻二「張次山の妻」）

これも妻の日ごろのおこないに対する教訓めいた話である。彼女の嫉妬や酒癖の悪さは死後の世界で処罰されたのである。

以上のように『夷堅志』では嫉妬深い妻たちは非難されているし、天罰を引き合いに出して脅されている。まったく笑い話ではなかった。こうした妻への脅しは正史類にもはっきり書かれており、妻をコントロールできない夫が皇帝によって処罰されている。つまり強い妻たちは国家の権力のみならず、天の神などによっても抑圧されていた。男たち主体の国家や社会は、宗教的権威まで動員して妻を抑えつけようとしていた。妻にかかる圧力の強大化は驚くべきである。これが唐代と宋代の大きな違いであった。

◈妻の地位の変化

ここで最後に付け加えておくべきは宋代から明清時代における妻の地位の変化である。滋賀秀三氏によれば、古典的な礼制では妻とそれ以外の女性（妾・婢など）との地位が、夫との関係において明確に規定されていたとする。しかし「（妾の）家庭生活における実際の境遇」では「時代差や個々の事例ごとの状況差の幅が相当に大きかった」（『中国家族法の原理』五五七頁）とされているように、妾の地位はあいまいな部分があった。それは妻の地位があいまいであったことをも意味している。つまり、妻と妾などの地位に関する「原理」は一貫して明確に規定されていたものの、妻の地位の変化については時代ごとに検討する余地が大きいというのである。

この変化を私なりに理解すれば、妻の地位の改善だと考える。すなわち「原理」よりも現実はルースで、唐宋時代の妻の地位は「原理」に関係なく、あいまいにされていた。たとえば、律令に妻と妾などの違いが明記されているのに、現実には両者の役割の交代が可能であった。妻を持たない官僚が妾に妻の役割を担当させるような例もあった。それが宋代以降、一夫一妻関係の実質が徐々に確立し、妻と妾の権限が明確に理解されるようになっていった。そうした現実の動向が「原理」として再確認されるには時間が必要であった。嫉妬を抵抗手段として闘ってきた妻の要求はある程度まで「原理」の実行に近づいたものの、そう簡単に現実は変わらなかった。妾が認められなくなったわけではなく、正妻に男子がいなければ、妾に産ませようとするなど、妾の存在は依然として維持されていた。妻の抵抗はまだまだ続けられねばならなかった。こうして唐代までは〈一夫一妻多妾〉制であった関係が徐々に〈一夫一妻プラス多妾〉制へと変化して、一夫一妻の関係が強まっていった。ただここで「多妾」とはいうものの、複数の妾を抱えている男性は、史料上あまりみかけない。妻の闘いは続いていたのであろう。

おわりに

むかし知人が中国人の女子留学生から聞いた話として教えてくれたことがある。彼が、日本と中国の女性を比べると中国の女性は声が大きく、はっきり自己主張しているが、どうしてだろう、と尋ねた。すると留学生は、中国ではいくら声を大きくしても聞いてもらえないので、と答えたという。これは個人的な感慨だろう。だが、私は、まさに中国女性の生き方に反映された、中国の歴史を感じた。彼女たちは大きな力で抑えつけられながらも、それに反発して生きてきたのである。

本章でみてきた唐宋時代の小説史料には、現実社会の中で生きていた女性の声がビビッドに記されていた。これが小説史料の強みである。それらを読むと、この時代の夫婦関係や家族の実態が明確になる。まとめてみれば、それらの変化にともなって妻の行動には一定の規範が強要されることになった。つまり妻は自己主張などせず、貞淑に夫に従うべきだという道徳規範の押し付けであった。こうして国家や社会は、あらゆる装置を動員して妻たちを抑えつけようとした。かつての強い妻たちは家のなかに閉じ込められながらも、可能な限りの抵抗を続けていた。それは現代にまで引き継がれているのである。

【参考文献】

大澤正昭『唐宋時代の家族・婚姻・女性』明石書店、二〇〇五年。
斎藤茂ほか『「夷堅志」訳注』甲志上、以下続刊中　汲古書院、二〇一四年〜。
塩卓悟・河合晃太郎『訳注　太平広記　婦人部』汲古書院、二〇〇四年。
滋賀秀三『中国家族法の原理』創文社、一九六七年。
仁井田陞『唐令拾遺』東京大学出版会、一九三三年。

4章

女親分《ボス》もいた――南宋豪民の実態

はじめに

本書1章において南宋の判決文集『名公書判清明集』(以下『清明集』と略称)を紹介した。これは、繰り返すまでもなく中国史研究の一級の史料である。その得難い特徴の一つは他の史料に書かれていない事実がはっきりと記されているところにある。本章で取り上げるのはそこに記された貴重な事実の一つ、豪民の実態である。

◈豪民とは

豪民は農村、都市を問わず基層社会(かつては「在地社会」という用語が使われていたが、この用語の方が意味が通りやすい)に影響力を持って活動していた有力者である。豪民・富民・形勢戸・兼併の家など史料上の表現はさまざまであるが、ここでは豪民として一括しておくこととする。彼らはみずからの経済力を背景にして基層社会を動かし、暴力も含む、さまざまな手段を駆使して自己の利益を実現しようとしていた。そのため国家も統治を進めるにあたって彼らに依拠し、あるいはその影響力に頼らざるを得なかった。したがって彼らの存在をどのようにとらえるのかが、宋代社会の歴史像を構築するうえで不可欠の作業となる。

この豪民は唐代後半期から史料上に散見するようになるが、その実態を記した史料はほとんど残されていなかった。ところが『清明集』にはかなり多くの豪民が登場し、その生々しい実態が記録されていた。それは何よりも、『清明集』が当時下された判決文を切り貼りして編集したものだからである。判決文は告訴や告発をうけておこなわれた裁判・調停の結論であり、当事者に申し渡されるものである以上、厳密に事実に即していなければならない。そうでなければ、処罰や不利益処分を被る当事者は納得しないし、国家の権威も保たれない。つまり、普通の史料にありがちな、何らかの思惑に左右されることの少ない、ありのままの事実が書かれているのである。ただこの「事実」は裁く側(国家)からみた「事実」であり、裁かれる側の認識と若干の食い違いがあることには注意しておきたい。ともあれ私たちはこの史料によって豪民の実態をかなりの程度まで把握できるようになった。本章ではこれら判決文に書かれた事実を読み込むことで豪民の素顔を考察し、その歴史的位置を考える手がかりにしたいと思う。

さらに本書のテーマとの関連を付け加えておきたい。後に述べるように、寡婦がリーダーとなっていた豪民集団があった。女性であっても男たちを指図してリーダーの役割を果たしていたのである。序章で用いた用語でいえば「生業」を維持していた女性である。本章は女性が主役ではないものの、その活躍の場の一つを紹介することになる。

一――判決文に記された豪民

南宋時代には『清明集』の他にも少数ながらいくつかの判決文が残されている。それら全体を見渡して豪民などの有力者を拾い上げてみると、少なくとも百例ほどの勢力が記録されていた。ただすべての勢力の実態がわかるわけではない。詳しく記されているのは、やはりかなり限られている。その一つが『清明集』巻一二懲悪門に載せられている官八七嫂《かんはちしちそう》一族である。以下にこの一族の活動を詳しくみることで、豪民とはどのような存在であったのかをまず確認しておきたい。

◈女親分《ボス》・官八七嫂

ここに登場する「官八七嫂」という呼称について最初に解説しておくと、官は姓で、八七が名前である。八七とは奇妙な名前だが、これは排行(輩行とも)にもとづく通称である。排行とは一族の同一世代間での長幼の順序を表すもので、数字名は生まれた順番に与えられる。たとえば、ある世代の人を生まれた順に十一、十二、十三とよび、次の世代は百一、百二、百三とし、さらに次の世代は千一、千二、千三とするようなものである。官八七も排行による通称であり、それとは別に本名がつけられていたはずだが書かれていない。さらに嫂とは「兄嫁」という意味であるが、ここでは「あねご」といったニュアンスであろうか。つまり「官八七のあねご」であるから、官八七の妻を指している。彼女の結婚前の姓は劉であったが、劉氏とは称されず、官八七嫂とよばれていたのだ。そうして彼女が一族の親分《ボス》であったことからすれば、官八七はすでに死亡しており、彼女が跡目を継いでいたことになる。

こう書くと中国は男尊女卑で家父長制のはずなのに、妻すなわち女性が親分になるとはおかしいではないかと思われるかもしれない。確かに日本の家父長制であれば、父が死んだのちは長男が後を継ぎ、妻が正式に後を継ぐことはない。しかし序章一でもふれたように、中国の家父長制はそうではなかった。父の死後は、息子がいても妻がその地位を継ぎ、その死後に初めて息子に引き継がれるのである。父であれ母であれ、息子は親に孝養を尽くさねばならなかった。つまり男性による権力の継承が絶対の原則ではなかった。こうした中国の家父長制の特質はこれまでに解明されているものの、一般的にはしばしば誤解されている。中国は家父長制の〈本場〉なのだから父すなわち男性が絶対の権力を持っていたのだ、と。これは改められねばならない誤解である。官氏一族の場合は官八七嫂という女性が指導者の役割を果たしており、何らの問題も生じていなかった。もちろん彼らの活動も他の豪民とまったく同じであった。

◈官氏一族への判決

前置きが長くなった。まずは官八七嫂一族をめぐる判決文をみてみよう。判決文の著者は劉寺丞であるが(寺丞は官名。〇〇寺という官庁の次官)、その経歴についてはよくわからない。『清明集』編纂者はこの判決文に「母子そろって無法者で、悪人同士が助け合う」という標題を付けた。判決文の出だしはこうである。

本官(劉寺丞)は着任して早々に、人々の難儀しているところを問い尋ね、順昌県《じゅんしょう》(現在の福建省)の官八七嫂母子の名を聞き知った。彼らは長年、悪事のし放題で、法に外れた所行を重ね、県内の民どころかよその州から来る商人にも害悪を加えていた。役所の胥吏《しょり》もグルとなり、官氏一族に対する告訴人には逆に罪を着せたりし、……。この三十年間というもの、民は官氏の強さは知っているものの、お上の存在は知らないかのごとくである。村民の間でもめ事があってもあえてお上には訴え出ず、かならず官氏にお伺いを立てるありさまであった。……

このように、官氏一族は、県の胥吏をも抱き込んで三〇年間にわたってこの地域に君臨していた。その支配の中身は、のちに出てくる経済力と暴力であり、さらに注目すべきは村における「もめ事」の解決を担っていた点である。つまり国家の重要な役割である裁判権をわがものとし、地域支配の道具としていた。財力も暴力も、そして裁判権という権力も合わせ持った有力者なのである。この裁判権についてはあとで取り上げることとする。

◈一族の構成

次にこの一族の構成はどうなっていたかである。判決文の続きにはこう書かれている。

官八七嫂、姓は劉で、前科もあるが、老いてますます盛んである。長男官千乙、名は日新。次男官千二、名は世粛。買官によって鄱陽《はよう》県（現在の江西省）の県尉となっている。三男官千三、名は衎。こやつは悪人同士で結託し、ゴロツキや前科者を飼いならし、手先としている。……

とあり、前科のある劉氏は老齢ながら意気盛んで、三人の息子を指図していたようだ。なかでも次男は県の警察署長のような県尉の地位を買い取っている。地元の官庁の官ではないものの、鄱陽県は比較的近い県であるから、地元政庁に影響力を持つ存在であることは疑いない。おまけに警察官僚なのだから〈鬼に金棒〉であろう。

このほか、官八七嫂母子の一味となっていた者に「世粛の妻の弟」楊十一がいた。彼はいわゆる姻族であり、家族と姻族が一体となっていたことがわかる。また、彼らの手先となっていた者で、判決文のなかに名前があげられている者を数えてみると一四人もの多さになる。これが幹部であろう。

このように家族と姻族が中核となり、幹部を含めると二〇人ほどの集団が、手先を使って地域に君臨していた。官氏一族は官八七嫂を女親分とし、息子や姻族が従う、いわば家族経営であった。他の事例でみても、豪民の多くは同様の家族経営である。

◈一族の「悪事」

では、官氏一族はどのような「悪事」を働いていたのか。それは大きく分けると経済的分野と司法的分野の二本の柱があった。まず経済的な「悪事」を検討するため、判決文の表現に従って箇条書きにしてみると以下のようになる。

①「家には二つの塩倉庫を作ってもっぱらヤミの塩を買い占めて貯蔵し、運び出しては売りまわっている。このように塩の密売で国家の利益を侵害し、順昌県全体を二十余年にもわたって食い物にしているのであり、……。」

②「不法に徴税場を設置して、紙や鉄・石灰などの物資をとどめて金銭を徴収しており、その額は万単位にもなる。」

③「平民の田畑や家・屋敷なども奪い、その富は二つの県を傾けるほどである。」

④「耕牛を殺すこと数百頭で、そのためにこのあたりでは牛や馬の不足をきたしている。」
⑤「人の妻女をさらってきて無理やり婢女《はしため》としながら、雇い賃を払わない。」
⑥「人の妻を奪っては、勝手に手先のゴロツキどもと再婚させ、彼女らの財産を奪う。」
⑦「八百人より財物を強要しながら、『盗賊退散祈願』を表向きの理由とし、また五百余人から財物を強奪しながら『橋の修理に充てるため』と口実を設けるなど、人さまの財物をわが物としている。」
⑧「人の田畑をとり上げて『証文』なるものを書かせ、代金は払わない。」
⑨「人を殴って死に至らしめたこともあり、人を脅して首をくくるまでに追い込んだこともある。」

などであり、他にもあげられているが、省略する。ここから官氏一族の貪欲な活動――広い意味での経済活動のありさまがよくわかる。親分が女であろうが男であろうが豪民の「悪事」には何らの変わりもなかった。従来の史料では、ここまで詳細な豪民の活動は把握し得なかった。『清明集』の発見によって得られた新たな知見である。しかし詳細な事実を得られただけで、私たちは満足できるのであろうか。問題はこのような事実の歴史的背景をどれだけ掘り下げられるかである。それができれば私たちの歴史認識はさらに深まるであろう。

二――豪民の経済的活動

ここでは前掲の判決文をもとに、官氏一族の活動を歴史的に位置づけてみよう。

◈地主経営

まず、彼らは「財物」、なかでも土地を集積していたことからすれば(前掲③⑧)、地主に分類される。これは戦後の中国史学が注目してきた経済的基盤の特徴である。教科書的にいうなら、彼らは唐代以降に登場する新興地主階層に属し、荘園経営者である。かつての学界では、荘園の佃《でん》戸《こ》は農奴であり、地主―佃戸関係は中国封建制の基盤であるという学説が支持されていた。この説を下敷きにした高校世界史の教科書や参考書もあり、それで学習してきた人もいるかもしれない。しかし、現在までの研究ではこの説はほぼ否定されている。そもそも当時の中国において経済的基盤が地主制であったとするならば、それは領主制にもとづく西欧の封建制とは基本概念を異にしている。地主制を基礎とする中国的封建制を新たに想定するか、あるいはまったく別の時代区分理論を考えるか、多くの議論が必要である。さらに、これまでの研究で明らかにされてきたように、宋代の地主といっても幅が広く、単に荘園経営をおこなっていた者だけではなかった。むしろ荘園経営以外の生業に精を出す者が多かった。その一つの典型を示すのが豪民である。

◈物流への関与

豪民の生業で注目したいのは、概括的にいえば物流、つまり諸々の物資の流通への関与である。よく知られているように、唐代後半期以降、全国的な物流が活発になっていた。それは国家主導の流通であり、いわゆる市場主導の流通ではなかったものの、物流の発展は人びとの経済活動に対して大きな影響力を持っていた。豪民はそれに敏感に反応し、さまざまな形で関与しようとしていた。

官氏一族でいえば、塩の密売(前掲①)と通過する物資からの徴税(前掲②)である。このうち塩についてみると、それは人間が生きてゆくうえで必要不可欠な物資である。中国では産地が限定されているため、古来、重要な交易品となっていた。漢代以来の専制国家はこれを統制し、重要な収入源と位置づけた。統制のあり方は時代や地域によってかなり異なっており、歴史的な特質を解明すべく、膨大な研究が蓄積されている。一方、統制があればそこから逃れようとする密売もある。たとえば唐代末期に大反乱を起こした黄巣《こうそう》は塩の密売業者だったといわれるように、かなり大規模な密売が横行していた。宋代でも、歴代王朝の例にもれず、塩を民間で勝手に売買することは禁じられていた。しかし、官氏一族は「二つの塩倉庫」を持つほど大規模に売買し、国家が得るべき利益を侵害していたのである。

◈紙・鉄・石灰

もう一つは通過する物資からの徴税である。ここで徴税の対象としてあげられている物資は「紙や鉄・石灰」であった。これらはあまりなじみのない物資ばかりであるが、いったいどのような歴史的性格を帯びた物資なのであろうか。判決文にはひと言の説明もないので、別途、史料を探して研究する必要がある。

まず紙である。紙というだけでは取り付く島もないが、順昌県という地理的位置から考えると、注目すべきは本の出版である。宋代に木版印刷術が急速に普及し、大量の本が出版されるようになったことはすでに常識となっている。全国に出版の中心地が何箇所かあったが、その一つがこの近辺にあったのである。そこで地図をみると、官氏一族の根拠地、順昌県の北方六〇キロ余りのところに麻沙《まさ》という町がある。ここで出版された本は「麻沙本」とよばれ、当時よく知られていた。

麻沙が、宋代に出版業の一大中心地となっていた理由はよくわからない。一説には、この付近に版木となるガジュマルの木が多かったためとされる。あるいは印刷用の紙や墨が入手しやすいことがその条件の一つであろうし、印刷物の輸送の便も考慮されたのかもしれない。またこのあたりは竹の産地で、それを原料として竹紙という紙が作られていたことも理由の一つとなり得るであろう。

私は二〇一二年に当地を訪問したことがあるが、製材業や竹材加工業の工場は見かけたものの、出版業に関わるような工場や店は残されていなかった。現在では目立った特徴のない、静かな片田舎の町であった。とはいえ、宋代には順昌県などを通って、かなり大量の紙が麻沙へ運ばれたのであろう。官氏一族はその流通に目をつけたのである。

次に鉄である。鉄はどの社会でも重要な物資であるから順昌県を通過していたとしてもおかしくはない。しかしなぜ鉄だったのかは考えておかねばならない。いったい中国では鉄より銅の方がより重要な意味を持っていた。それは貨幣、つまり銅銭の材料として大量に消費されたからである。とくに宋代の銅銭は日本をはじめアジア各地に流通するほど大量に鋳造された。ではなぜ順昌県を通過するのが銅ではなく鉄だったのか。それを考えるヒントは銅の産地と精錬法にある。まず産地である。これも地図をみると、順昌県の北方へさらに視線を移して行き、福建省の行政区画を越えると江西省の鉛山《えんざん》県という地名が目に入る。ここはその名の通り古くから鉱物の産地として知られていた。そしてここからは銅の成分を含んだ水（胆水とよばれる硫酸銅溶液）が湧き出していた。宋代には、この水から銅を取り出す方法が考案され、大量に精錬されていた。ちなみに、どのような方法で銅を取り出すのかといえば、史料には概略次のような「浸銅」法、つまり銅の採取法が記述されている。

浸銅の方法。鉄を薄片とし、魚の鱗のようにならべて、胆水を満たした水槽に入れる。数日浸しておくと、鉄片は胆水によって薄くなり、表面に「赤煤《ばい》」がつく。これを削り取り、炉に入れて精錬する。およそ三度精錬すると銅になる。……（『宋会要輯稿』食貨一二）

ここに書かれているように、胆水中の銅の成分が鉄と化学反応をおこし、銅が析出するのである。「赤煤」とは不純物を含んだ銅を指しており、それを精錬することで銅が得られる。これが鉄を使って銅を採る方法であった。そうした銅生産の需要に応じるために、大量の鉄が鉛山県に送られていたとみられる。順昌県を通過していた鉄の正体がこれであった。

最後に石灰である。現代の私たちにはあまりなじみがないが、かつて石灰にはさまざまな用途があった。宋代の史料にあたってみると次のような用途があったことがわかる。まず建築材料としての漆喰《しっくい》はよく知られた用途である。壁の上塗りやレンガの接着剤として使われる。また農業では防虫効果が期待されたし、水気の多い田（低湿田）に投入されて、地温を上げるためにも利用された。さらにこの地域との関連を考えると、前述の竹紙の製造にも用いられた。原料の竹は繊維が強いため、それを柔らかくする工程があり、ここで石灰が使われたのである。もう一つ、使用量はそれほど多くはないが、隣接する両浙地域（ほぼ現在の浙江省）で上等な清酒を製造する過程でも用いられた。濁酒から清酒を醸す際に必要だったという。ちなみに、石灰は鉱産物で、石灰岩を焼いて造るのが通常の製法である。しかし宋代の史料によれば、福建地方では石灰岩が採れなかったので、カキなどの貝殻を焼いて造っていたという。

こうして石灰は建築・農業・酒造・製紙材料などとして使われており、福建地域と内陸部の間で流通していたことがわかる。その広範な用途から考えれば、流通量はかなりのものであっただろう。

以上、塩・紙・鉄・石灰は当時の重要な流通物資であることがわかった。官氏一族はその流通に目をつけ、通行税を徴収していたのであった。ここに豪民の活動の一つの歴史的特徴が表明されている。

三――豪民の地域支配

以上のような経済的活動は豪民が地域社会で影響力を発揮する基礎であった。ただ経済力が直ちに彼らの地域支配に結びつくものではない。そこで注目すべきなのが活動のもう一本の柱、司法的分野である。

◈官氏の私的裁判と私刑

さきに紹介したように、順昌県内の、官氏が絶大な影響力を誇っていた地域では「村民の間でもめ事があ」ると「かならず官氏にお伺いを立てる」といわれていた。これに続く判決文のなかで、具体的な状況として次のように述べられている。

……私設の牢獄を持ち、残酷な拷問用具も造っており、……手鎖・足鎖の類を取りそろえ、杖や弓・刀・やじりなどはまだ序の口である。もっともひどいのは、細かい砂を焼いて真っ赤にしたのを、平民の何大二、羅五二・五三、廖《りょう》六乙の耳に流し込んで聞こえなくさせたことであろう。……

……勝手に召喚状を発行し、人を捕まえてきて拷問を加え、牢獄に留置すること十日に及ぶこともある。……

このように官氏一族は拷問や牢獄という手段を使って私的裁判と私刑を執行していた。判決文では前述の経済活動と合わせて、彼らの傍若無人ぶりが強調されている。それは暴力的支配と何ら変わりがないように見える。しかしここで考えてみてほしい。単純な暴力のみで地域支配が長期に維持できるであろうか、と。そう、地域支配が可能だったのは彼らにそれなりの正当性があったからである。「もめ事」の解決という機能がそれである。豪民の司法分野の活動には、そうした大義名分を与えられていたと考えられる。

◈私的裁判の意味

歴史的にみると、宋代以降の中国は、いわゆる訴訟社会としての性格が明瞭になっている。社会全体で「もめ事」、現代的な用語でいえば民事訴訟が頻発するようになってきたのである。その理由はいまだ十分には解明されていない。たとえば、物流の活発化とそれに伴う人と人との摩擦の激化、かつての後進地域での開発の進行、先進地域での土地所有権の移動とその複雑化などさまざまに考えられているが、学界共通の理解はまだ存在しない。ただ事実として訴訟が頻発するようになったことだけは確かなのである。とすれば、当事者たちにとっては紛争の解決こそが求められる。その際、誰が解決するかはさして重要な問題にはならない。訴訟の当事者双方が納得できる判決や裁定が下されればそれでよかった。日本の近世社会なら、村落共同体が成立しており、村人が支持する指導者たちが紛争の調停をおこなった。しかし宋代には村落共同体は存在しておらず、その指導者はいなかった。そこで紛争解決のための第三者として登場するのが宋朝政府であり、基層社会の有力者＝豪民であった。本来ならば、裁判という機能は国家の果たすべきものである。国家は官僚機構と軍隊を持っており、判決に示された国家の意志を強制的に執行することができる。けれども国家の統治機能が行き届いていない場合は、それができない。宋代の社会はその一例であった。地域社会に生きる人びとは直に接する相手がどれだけ強力か、どれだけ権威を持っているかをシビアにみていた。自分にとってどちらがより有効な権威なのかを判断、選択し、そちらに頼ろうとした。ここでは、単純にいえば宋朝政府か、豪民か、の選択となる。その結果、何らかの条件が働いて豪民が選択される場合もあった。彼らの主宰する裁判が私的なものであったとしても、地域の人びとはこれを受け入れていた。実際、こうした背景のもと、官氏一族だけではなく、他の豪民も私的裁判をおこなっていた。『清明集』にはその事例が載せられている。

◈豪民の私的裁判

まず現在の湖南省地域の一般的な状況として次のように述べられている。

……豪民の家の多くは不法行為をおこなっており、私製の牢獄を設け、刑罰を思うがままに執行し、これは当地の風習となっている。……（巻九「主人に背いて質倉の元本をだまし取る」）

この地域では豪民の私設牢獄・私刑が「当地の風習」となっていた。私的裁判がかなり一般的に広がっていたことがわかる。さらに、

……当の方震霆《しんてい》は自らの威勢を恃《たの》んで泰然自若、……お上から酒造業を請け負っており、（酒の密造や密売に対して）厳しく取り締まっている。公印のない訴状を受理し、私設の留置場を置き、拷問のための責め道具も種々取りそろえ、お上のように判決文を作り、人を捕まえてきて、吊るしあげてひっぱたいたりする。……（巻一二「豪横」）

という。ここでは方震霆なる豪民が政府から酒造業を請負い、無許可の者を取り締まっていた。そうして官氏一族と同じような裁判・拷問をおこなっていたのである。彼の根拠地は江南東路の信州弋陽《よくよう》県（現在の江西省）であり、順昌県から路境の山を越えたところにあった。もう一件あげる。

……（張）景栄は攬戸《らんこ》（徴税請負人）の身でありながら、敢えて官職名を用い、勝手に判決書を作成し、筒型の枷《かせ》を用いて取り調べや刑罰を執行するなど、村人に対して強制力を行使していた。その害悪を被っている者も一通りではない。……

（巻一二「官名を詐称して威勢を張り、人を死に追い込む」）

この張景栄の根拠地は不明ながら、お上の宮職名を騙《かた》って裁判をおこない私的裁判を執行していた。

このようないくつかの事例をみてくると、豪民には多かれ少なかれ私的裁判をおこなおうとする志向性があったようである。それは裁判が、前述のように人びとの要求にこたえる側面がある一方、彼らの地域支配に役立つ行為でもあったからである。ただしこれらの事例に共通しているのは、いずれも農村部での活動である。農村部では宋朝の統治機能が行き届かず、こうした私的裁判をおこないやすかったのであろう。では都市部ではどのような活動がおこなわれていただろうか。

◈都市部での活動

都市部に関わる判決文で目立つのも、やはり裁判関係の活動である。といっても前述のように私的裁判をおこなうのではなく、宋朝政府がおこなう裁判を裏から動かすという、間接的な裁判

の操作であった。たとえば、

……趙若陋《じゃくろう》は勝手に譁局《か》を設置して饒州《じょう》（現在の江西省）一帯の公務を取り仕切っている。……（巻一一「皇室の一族が罪を犯したので、外宗正司に護送して……」）

とあるように、豪民・趙若陋が「譁局」を設けて州の「公務」を牛耳っていた。この「公務」のほとんどは裁判にからむ活動であった。また「譁局」がどのようなものであったのかは書かれていない。しかし他の判決文にもさまざまな「局」が出てくる。裁判関係の活動とあわせて、それらをあげると次のようになる。

○……ただ程偉の一名だけは……職名を「都轄」と改めて典横（胥吏頭）の名を隠しており、三人のうちでは最も狡猾な輩である。……「月敷局《げつふ》」なるものを設置し、強制して「無名銭」（名目不詳の銭）を納めさせ、実体のない三千石の小作料を納めさせ、……（巻一一「鉛山県の収賄の吏」）

○……饒・信の両州は悪質な訴訟沙汰がもっとも多く、また悪辣《あくらつ》な有力者がもっとも跋扈《ばっこ》しているところである。……饒州鄱陽県の駱省乙《らくせいいつ》は……訴訟沙汰には悪達者で、裁判を食い物にしており、……そのうえ手の者に銀器を授け、州城内に「局」を置いて胥吏どもに賄賂としてばらまいていたのである。……

（巻一二「目一杯悪行を積み重ねる」）

○成百四は、街の取るに足りない人間であるが、茶食人（公事宿《くじやど》の経営者）に充てられて訴訟にかかわるようになると、こうしたことを一手に取り仕切り、訴人に智恵をつけてそそのかしたりするようになった。役所に出入りしては胥吏を買収して裁判のことで口を利いてやったり、賄賂を取り次いでやったりといったことばかりしていた。別に訴訟沙汰にしようという気もない小民を焚きつけて訴えを起こさせ、袖の下を使うすべを知らない者には脅しすかして贈賄させ、……「局」を置いて人を誘い、威勢は盛んで七県の民はなびくが如くその下へと走るのである。……

（巻一二「訴人を唆し胥吏を買収する」）

最初にあげた程偉は信州鉛山県の胥吏の統括者で、その職権を乱用して県政府所在地に「月敷局」（実態は不明）を設置し、銭を徴収していた。次の鄱陽県の駱省乙は饒州の町中《まちなか》に「局」をおいて、裏工作の根城としていた。さらに成百四は、地名は不明ながら「七県の民」をなびかせたというのであるから、どこかの州政府所在地に「局」を置いていたことは疑いない。このように豪民たちは州や県に「局」を置いて根拠地とし、裁判関係の活動に従事していた。その活動の象徴が「局」の設置であった。

◈「局」を置く

ではこの「局」は豪民が発明したものであろうか。『清明集』には説明の記述がなかったが、実は他の史料ではかなりの頻度で登場する用語であった。その一例をあげてみよう。

> 唐の時代、両京（長安と洛陽）にはともに三館（史館・昭文館・集賢院）があった。それぞれに命じて文書を作成させていた。宋朝ではこれを一つにまとめ、崇文院を設置した。景祐年間に総目録を編集させたが、その作業を崇文院においておこなわせ、その他の文書作成は他所に局を置いて取り扱わせた。それは思うに人目《ひとめ》を避けるためであろう。……（『春明退朝録』巻中）

とあるように、本来の部局とは別の部局を設置して文書の作成をおこなわせることであった。この他の史料も参照すると、「局を置く」とは何らかの必要に応じて臨時の部署を設置し、事務を処理させるという意味である。とすれば豪民の「局」も同じような役割を持った施設である。自分の根拠地とは別に、都市部に事務所やデスクを設置して、活動の拠点としていたのである。では彼らの活動は具体的にどのようなものであったのか。

◈裏工作の中味

さきにあげた駱省乙や成百四の事例でも触れられているように、その主なものは裁判にからむ裏工作であった。こうした豪民の活動は、数え上げれば枚挙にいとまがない。しかし具体的に何をどうしていたのかという記述はあまり残されていなかった。その一端を著書に書き遺したのは地方官経験者の袁采であった。彼の遺訓『袁氏世範』については本書2章で取り上げた。たとえばある家族で同族同士が財産を争ったとき、どのような過程を経て、どのような結果がもたらされるのか。彼は『袁氏世範』で次のようにいっていた。

……そうすると同族の者が必ず財産の分割を求め、県や州、その他の官府に訴える。それは十数年にも及ぶことになり、それぞれが破産してしまうまで続く。……連年の訴訟によって家の仕事が妨げられ、弁当代に金を使い、胥吏に請託し、官僚に賄賂を贈るなどの無駄な費用に耐えられるはずがないのである。……（巻上「財産分割は公平、妥当にせよ」）

つまり、訴訟に巻き込まれたら胥吏への請託、官僚への賄賂などの多額の出費があり、結局、それは家の破産をもたらすのだという。袁采は、だから訴訟沙汰には巻き込まれないよう細心の注意を払えという教訓を残したのである。

念のため、訴訟過程のこの簡単な記述に、より理解しやすいように文字を補足してみればこうなる。

(訴訟の事務処理を担当する)胥吏に(裁判が自分に有利になるよう運んでほしいと)請託し、(判決を担当したり、その案文作成に関わる)官僚に(勝訴の判決を書いてもらうため)賄賂を贈る。

豪民はこうした訴訟の過程に食い込んで私腹を肥やしていた。その手口は、胥吏・官僚とグルになり、賄賂で抱き込み、裁判を左右するのである。そうして訴訟を起こした側や訴えられた側に働きかけ、有利な判決を出すよう工作してやるなどともちかける。もちろんこの間に巨額の金が動くことになる。かくて豪民は、都市部では宋朝政府の裁判を間接的に操ることによって基層社会に対する影響力を行使していた。こうして経済的実力と地域支配が一体となった豪民像が立ち現れるのである。

◈史料の限界

ここまで『清明集』を題材に豪民の活動を分析してきた。最後に注意しておきたいのはその史料的性格である。繰り返しになるが、『清明集』は判決文であり、国家の意思の表明である。国家の側に立った記述であり、当然、国家の統治に反するような行為に対しては視線が厳しくなる。豪民の事案でいうなら、彼らの言い分はひと言も記されていない。裁判の過程では彼らの供述も取ったはずであるが、現代風にいえばそれは証拠として採用されず、判決には盛り込まれなかった。このため私たちは彼らの声を聞くことができない。前に述べたように、彼らの活動はある程度まで村人の支持を受けていたとみられるが、その部分に対する評価も、ない。この点は史料的な限界の一つとしておさえておかねばならない。

おわりに

以上のように豪民は経済・司法の両分野を二本柱として活動していた。彼らは唐末・五代時期から活発に活動を展開しており、その延長線上に南宋の豪民がいた。彼らはまさに唐から宋への変革期に登場してきた有力者であった。その典型例が女親分率いる官氏一族である。一族は当時の経済や統治の現状を反映しつつ、基層社会で影響力を発揮していた。宋代というと、私たちは支配体制が基層社会の隅々まで整然と行き渡っていたイメージを持つが、現実はそうではなかった。基層社会では大小さまざまな豪民勢力が活動し、庶民は彼らと宋朝の両者と関係を保ちながら生きていたのである。いまや私たちは、これまでの宋代史像を考え直さなければならない時期に来ているといえよう。

ちなみに、最近丸橋充拓氏は長江流域つまり江南の、南宋までの歴史を通観する視点を提起した（『江南の発展』）。そこでは「一君万民」体制と「幇の関係」というユニークな視点で歴史をとらえようというのである。この叙述の最後に『清明集』の豪民を「地域を壟断する『強者』」の一つと位置づけた。もう一つは胥吏であり、この両者がきわめて中国的な中間団体の実態だとみなし、西欧や日本との違いを強調している。この提起は今後さまざまな議論を呼び起こすと思われ、新たな研究の展開が待たれるところである。

最後に本書のテーマとの関連で再度確認するなら、この豪民の活動も寡婦の生業の選択肢の一つであった。夫が豪民の親玉で、先に彼が死んだという一定の条件は必要だが、こうした世界で活躍できる女性もいたのである。ここで紹介した官八七嫂は、その生業の繁栄ぶりからすれば夫に劣らない経営能力の持ち主だったに違いない。2章に取り上げた袁采にいわせればまさに「賢夫人」であった。

【参考文献】

大澤正昭編著『主張する〈愚民〉たち』角川書店、一九九六年。
大澤正昭『南宋地方官の主張』汲古書院、二〇一五年。第一部『名公書判清明集』の世界。
清明集研究会訳注『「名公書判清明集」（懲悪門）訳注稿』（一～五）汲古書院販売、一九九一～九五年。
丸橋充拓『中国の歴史② 江南の発展』岩波新書、二〇二〇年。

5章

娘たちに遺産はいらない？——女性に関わる「法」と現実

はじめに

一般に、中国史上で女性の地位が低かったと思われている根拠の一つは、女性が無権利状態あるいはそれに近い環境に置かれていたとする認識だろう。たとえば家族制度の基本は家父長制であり、家父長たる男性が女性を含めた家内を支配する権力を持っていたと考えられている。さらにその認識を深めてみれば、いわゆる血統の継承が男系によっておこなわれ、女性はそこから全く排除されているとする認識にも出会う。そうして家の財産は父の血統を継ぐ男子が、嫡・庶子の区別なく平等に継承する男子均分制であったという事実も、その裏付けの一つとして登場する。実際、律・令として掲げられていた当時の基本法は男系中心の原理によって組み立てられており、そこでは女性の財産権などは基本的に認められていなかった。こうみてくると女性は、家族をめぐる権利関係の蚊帳の外に置かれ、何らの権利も認められていなかったかのような印象を受けるのは自然なことである。

◈原理と現実

しかし法律や原理・原則は表の顔であり、必ず裏がある。表が原理であるとすれば、裏とは現実の社会である。そうして通常、現実社会は原理通りには動かない。中国史上に男性原理が存在した事実を否定することは、もちろんできないけれども、現実はそれとイコールではなかった。現代中国の言い回しに「上に政策あれば下に対策あり」というものがある。政府はさまざまな政策を打ち出すが、庶民が直ちにそれに従うわけではない。あるいはそれに従い難い事情もある。そこでお上の政策を適当に受け流し、対策を立てながら生きているのである。庶民の強《したた》かさを感じさせる言葉である。こうした、上から与えられた法律などを受け流して生きる精神は、時代の変化とともに形成されてきたのだろう。たとえば唐宋時代にも表向きの原理とは異なる現実が生きていた。もちろん現代とはまったく異なる状況の下で、異なる表現形態で、ではあるが。その一例が、前章までに取り上げてきた多くの女性の姿であった。端的にいえば、女性は抑圧され、飼いならされていたのではなく、社会の原理・原則とは関わりなく、みずからの意思で活動していた。それが男性を動かし、社会を動かす力になることもあった。この世界が男性と女性を主体にして成り立っている以上、どちらか一方の性だけで動くはずはない。こうした社会の歴史段階を原理・原則の視点、つまり法的側面から考えてみるのが本章のねらいである。

◈法律の意義

ここでいったん振り返ってみよう。前章までにみてきたのは女性を重要な構成要素とする現実社会の一面であった。史料上にはわずかしか残されていない手がかりをもとに、女性の置かれた環境とそこで活躍する女性たちに焦点を絞って考えてきた。その際、原理・原則の側面についてはとくに取り上げなかった。理由の一つは、法律などの原理については膨大な研究蓄積もあり、また一般にはなじみのない議論が展開されているからである。もう一つは、私が、中国人は法律を信頼していないという印象を持っていたからである。二十数年前、はじめて上海に行ったとき、印象的な風景に出会った。交差点を渡っていた人々の誰も信号を守らないのである。そばにパトカーがいたのに何ら指導もしない。国家が決めた道路交通法があるだろうに、誰も守ろう、守らせようとしないのだ。そこで思った。長い歴史のなかで庶民の役に立つ法律がどれほどあったのか、彼らは身にしみて知っていた。そうして国家も国家が発布する法なるものも、彼らは基本的に信頼しなくなったのだろう、と。法治主義ではなく人治主義の国なのだと実感したことであった。

とはいえ、国家が発布した法が相応に歴史を動かしていたという事実も承認しなければならない。専制国家といえども、皇帝の恣意的な判断ですべての政治が動くことなどありえない。そこには広い意味での法が必要であった。本章ではこのような問題意識から唐宋時代の法律を確認し、そのなかで女性がどのように扱われていたのかを考える。そのうえで、とくに南宋の女性財産権をめぐる議論――いわゆる「女子分法」論争を紹介したいと思う。

◈法の基本的性格

前近代中国における法律の基本的性格とは何かといえば、少なくとも二つの側面がある。一つは国家が推奨し、人々に遵守させようとする規範の表明である。その根底には「天理」などと総称される、古来の普遍的倫理や儒教的イデオロギーがある。もう一つは国家として果たすべき公共的役割の遂行に関する規定という側面である。そのなかには、外敵からの防衛はもとより、基層社会での争いの調停、犯罪の処理も含む社会秩序安定のための規定があり、さらに国家機構を支える税・役《えき》徴収の規定などいわば実務的規定もある。これらはいずれも法として明文化され、そこから外れる者を処罰する基準をも示している。歴代王朝はこれを行使することによってその支配を正当化し、社会を安定させようとした。そのためどの王朝でも、創業の際には国号、暦とともに律令などの法を発布して国家の権威を確立しようとしたのであった。

以上のように法の性格を理解し、唐宋時代の女性に関する法をみてゆくこととする。

一——男性原理の法

女性に関わる法を考えるためには、まず男性を中心とする法、つまり一般的な法律の特徴をおさえておく必要がある。そこで男性原理がよくわかる法を紹介してみよう。法において男性原理が表明されるのは、多くの場合、財産の帰属をめぐる問題についてである。したがってまず確認しておきたいのは、家の財産の概念である。

◈家族の財産

滋賀秀三氏は財産相続の原理を研究し、総括している(『中国家族法の原理』)。それによれば、中国人の相続観念の根底には「分形同気」という思想がある。父と息子は別の個体であっても、本源的には一つの生命、つまり「気」の連続であると考える。したがって息子たちは父の後継者として平等な資格を持ち、家の財産を引き継ぐ存在である。では娘はどのように扱われるのか。娘は「気」の継承者ではないとされ、成人した後に他家に嫁ぐ者であり、財産の相続に関わることはない。ただ嫁入りの際の持参財産が与えられるだけである。その内訳は金銭などの動産である場合もあれば、土地である場合もある。息子たちが継承する財産と異なるわけではない。ただその額がかなり少ないのである。

以上が滋賀氏のいう財産継承の原理であった。滋賀氏の研究は、多くの史料を引用し、緻密に、説得力を持って展開されている。しかし研究が進むにしたがって、それは宋代以降の思想体系、ことに朱子学の影響を受け、明清時代に定着した「原理」であることが徐々に明確になってきている（たとえば佐々木愛「伝統家族イデオロギーと朱子学」および「『父子同気』概念の成立時期について」）。また宋代など現実の社会ではこの「原理」に適合しない事例があり、多くの史料が報告されるようになってきた。ともあれここでは財産処分に関わる「原理」の側面、つまり法的な根拠についてみておくこととしたい。ただ以下の議論では各種の法文を取り上げるので、唐宋時代の基本法典である律・令についての基礎知識を少しだけおさえておきたい。なお、律は刑法、令は刑法以外の行政法などを指す。

◈律について

律・令のうち中国で歴代王朝が継承してきたのは「礼」（人の守るべきのり）という理念をバックボーンとする律であった。なかでも史上とくに重要視されてきたのが唐代に制定された律、つまり唐律である。これについては公認の注釈（疏議）とともにまとめられた『唐律疏議』（六五三年）が権威を持ち、以後の王朝でも重用された。法律は時代の変化に対応して変化せざるを得なかったが、それらに通底するのは唐律であった。宋初にはこれを踏襲した『宋刑統』が編纂され（九六三年)、唐律と疏議の他、唐の開元年間(八世紀前半)以後の令・格・式や詔勅なども随所に引用されている。宋代にはその後、折々に発布される勅が編纂され、編勅として準用されることになる。ただし梅原郁氏の研究によれば、唐律があくまでも中核であり、編勅はそれを包み込む法であったという(『宋代司法制度研究』)。つまり唐代の法は律・令・格・式と一括されるが、宋代では勅・令・格・式となったという。

◈令について

一方、令は武徳七(六二四)年から開元二十五(七三七)年まで何度か律とともに改訂、発布されたことが知られている。しかしそれらは、編纂法典としては後世に継承されず、まもなく散逸してしまった。ちなみに、中国では継承されなかったものの、日本に伝来した令は長く伝承されてきた(律は散逸したが)。これらが日本古代史を研究する際の重要な史料となっていることはよく知られている。律と令の継承のあり方の違いは、おそらく両国における刑法と行政法などに対する必要性の差がもたらしたものであろう。政治と社会の性格の違いを示す一事例である。

それはともかく、法体系を研究するためには何よりも散逸した当時の令を復元する必要があった。日本伝来の史料も含めて、種々の史料中に散在する令を集め、項目ごとに整理する作業である。この困難な作業を成し遂げたのが仁井田陞氏であった。その成果は『唐令拾遺』として公刊され、学界の貴重な財産となった。一九三三年のことであった。さらに、六〇年余りを経て、前書を補足、改訂した『唐令拾遺補』が公刊された。こうして私たちは唐令研究の基礎的史料を手に入れることができたのである。

以上のような基礎知識を踏まえ、男性が主体となっている法の例をみよう。なお以下に引用する唐令は『唐令拾遺』に拠る。

◈**財産処分権について**

最初にあげたいのは、家の財産と家父長の権力に関係する法である。たとえば財産の処分について規定した雑令に次のような規定があった。

およそ家長が在住しているときに子・孫・弟・甥等は奴婢・家畜・土地・屋敷およびその他の財物を自分勝手に質入れしたり、売ったりしてはならない。(家長が)質入れや売却をするときは関係当局の許可書を受け、その後にはじめて認められる。……

これによれば家の財産を処分できるのは、国家の許可を受けた家長つまり家父長であって、それ以外の家族・親族には許されていなかったことになる。そうしてこの規定は宋代にも継承されていた。

これは一見、家父長に財産処分権が与えられ、強い権力があったかのように解釈できる。しかし滋賀氏はこれを「家長の立場を保護する規定」(『中国家族法の原理』)であるという。それによれば、国家が家父長の権限を保障していたのであり、逆にみると、国家の保障がなければ家父長の権力はさほど強くなかったことになる。おそらくこの解釈が妥当なのであろう。ちなみに、ここに出てくる、財産としての奴婢つまり賤民については次のような令もある。

およそ部曲・客女・奴婢を解放し良民や部曲・客女とする場合はみなこれを許す。ともに家長が手書を与え、長男以下が連署する。所轄の部局が文書を提出して戸籍から除く。

これは唐の戸令にあった規定である。中国史上では唐代まで身分制があり、良民と賤民に区別されていた。賤民には上級賤民である部曲・客女と下級賤民である奴婢があり、より上級へと解放されることもあった。このうち部曲・客女を解放して良民とし、奴婢を解放して部曲・客女または良民とする場合は、家父長だけでなく長男以下の息子たちの了承が必要だった。賤民という財産の処分について、家父長の専断は認められていなかったのである。

同様に財産の消費に関する次のような律があった。

およそ同居している「卑幼」で、自分勝手に家の財物を消費した者は絹の価格に換算して十匹(約一二四メートル余り)までは笞打ち十回とし、十匹増すごとに一等重くし、杖打ち百回を上限とする。もし同居している「尊長」が財産を分割するときに公平でなかった場合、不公平分を計り、不正取得の罪より三等を減ずる。

これは唐律のなかの戸婚律(家族と婚姻に関する律)にある規定である。「家長」という語は出てこないが「尊長」「卑幼」という語が使われている。これは男系親族のなかで世代が上か下かを表す語である。つまり同居していて、世代が下の者が、勝手に家の財産を消費してはいけないという規定であり、違反すれば明確な罰則が定められていた。通常、「家長」は「尊長」の年長者がなるので、家父長の権利を認めていたのとほぼ同義になる。滋賀氏はこれを、日常的な支出の権限を家長に与えようとする規定だと解釈する。ここでも国家の保障が背景にあったという。

以上のように、家父長の権利はかなり大きかったものの、専断は認められていなかった。息子や親族および国家の承認が求められていたのである。

◈家産分割の法

次に家の財産分割に関する法をみよう。以下のような著名な令がある。

およそ財産を分割する場合、土地・屋敷と財物は兄弟が均分する。妻の持参財産は分割の対象に入れない。兄弟で死亡している者がいる場合は、その息子が父の分を継承する。兄弟がみな死亡している場合はその子供が均分する。妻を娶っていない者には別に結婚費用を与える。おば・姉妹で未婚の者には男子の結婚費用の半分を与える。夫をなくした妻・妾で、息子がいない者には夫の継承分を与える。夫の兄弟がみな死亡している場合には子一人分と同額を与える。

（史料によっては一部の文字が異なる。滋賀氏『中国家族法の原理』に拠る）

これは男子均分の原則を示した規定で「唐の戸令応分条」としてよく知られている。娘には財産の継承権がなく、未婚の場合には結婚の際に必要な費用を与えられるだけであった。ただし継承権を持った息子が死亡し、その息子（つまり男孫）もいなかった場合、残された妻・妾には夫の継承分が与えられた。基本的に女性には財産継承権がなかったとはいえ、こうした例外は認められていた。

◈離婚の条件

もう一つ、離婚に際しての夫の権限についてみよう。本書の1・3章でも触れた規定で、三度目の引用になるが、ここでは法文全体をあげる。

およそ妻を離縁する場合、以下の「七出」の条件のいずれかに該当する必要がある。一、男子を産んでいない。二、淫乱である。三、舅・姑に仕えない。四、おしゃべりである。

五、盗癖がある。六、嫉妬深い。七、悪い病気を持っている。いずれも夫が手書を与えて離縁する。息子および親族ならびに娘とその親族、東西の隣人、保証人が署名する。もし文字を知らなければ指印を捺して証とする。

離縁状があっても次の「三不去」の場合は許可されない。一、舅・姑の三年の喪を守った場合。二、結婚したときは夫の身分が低かったがその後高くなった場合。三、帰るべき家がない場合。ただし義絶を犯した場合と淫乱・悪疾の場合はこの令にこだわらない。

これは唐の戸令にある規定で、前半が「七出」、後半が「三不去」の原則として知られている。離縁できる条件としての「七出」をみると、夫の離縁の権限は強力であったように見える。しかし、息子以下の署名つまり承認が必要であり、夫の専断は許されていなかった。また、おしゃべり、嫉妬深いなどの事情で妻を追い出したという史料はこれまでみたことがない。やはり理念的で非現実的な条件だった。ただ、二、三項のいわゆる不倫などの問題や舅・姑とのトラブルはよくあったようで、宋代の離婚訴訟史料にしばしば登場している。一方の「三不去」は妻の立場に配慮した規定である。二項では妻の功績、いわゆる内助の功を評価しているし、三項では離婚後の生活保障に配慮している。ただ、この令が効力を持たない場合が付け加えられており、それは「義絶」と「淫乱・悪疾」であるとされている。このうち説明が必要なのは「義絶」である。柳田節子氏によれば（「宋代における義絶と離婚・再嫁」）、それは妻の、夫の家族に対する殴・傷・姦などの行為であるという。また、夫による妻の家族に対する同様な行為も「義絶」とみなされたが、妻の行為に対する規制の方が厳しかったのはいうまでもないとされる。

こうみてくると、夫は妻を追い出すことができるとはいえ、そのハードルは高かった。妻の離縁は容易なことではなかったと思われる。ここにも男性原理の限定性が表明されている。

二――女性の財産権に関わる法

以上述べてきたような法体系は、男性原理を標榜しているとはいえ、女性に対する配慮も垣間見えていた。そこで女性の財産に関する規定に焦点を絞って、関連する法をみよう。

◈「戸絶」の場合

最初に「戸絶」（日本では「絶家」とよばれる）の場合の財産継承問題である。開元二十五（七三七）年の喪葬令（葬儀と埋葬に関する令）のなかに次のような規定があった。

およそ人が死亡して戸絶になった場合、部曲・客女・奴婢・邸店（倉庫業・旅館・食堂などを兼営する、物流関連の複合経営体）・屋敷・資材は近親の者に売却させ、葬儀をおこない、また仏事を営む費用とするほか、余った財産は娘に与える。娘がない場合は親等に従ってもっとも近い近親者に与える。親戚がいない場合、国家が管理する。もし死者が生前に遺言して財産を処分していた場合、証拠が明らかであれば本条の規定を用いない。

ここでいう「戸絶」とは家長とその妻が死亡し、後継者である息子や男孫がいない場合である。財産継承権を持つ妻と男性の子孫がいないのだから、その財産をどう処分するのかが問題になる。その場合、娘がいるならば葬儀関連費用以外のすべてを継承することになるという（傍線部）。ここでは原則として既婚・未婚・出戻りを問わず、娘であれば財産継承権が認められていた。しかしこの原則には次第に制約が付けられてゆく。

唐の開成元（八三六）年七月五日勅の概要。今後、一般人民および官・吏を問わず諸階層の人が死亡して戸絶となり、息子がなく、娘も家を出ている場合、令文では嫁に出た娘は資産を得ることができるとする。しかし親の生前、娘が分に過ぎた望みを懐き、孝養を尽くさず、夫と共謀して資産を奪おうとした者は、各地の長官に委ねて吟味させる。もしこのような者がいたら資産を与えない。

（『宋刑統』巻一二戸婚律・戸絶資産）

この詔勅では傍線部のように既婚の娘に財産を継承させる場合、その娘が親孝行であったか、財産を奪おうとしなかったか、などの品行を調べさせるという制約が付くことになった。息子であれば必要なかった条件が付け加えられたのである。おそらく利害関係者である親族などからクレームがつくようになったためであろう。親族の主体は、もちろん男性である。

宋代に入ると、継承する財産の額に具体的な制限が加えられる。『宋刑統』に引用されているが、官僚から次のような提案がなされた。

臣等が調べ合わせて立案し、次の通り要請する。今後、戸絶のとき、現存する邸店・屋敷・畜産・資財は葬儀・仏事に費やすほか、嫁に出た娘がいるときは三分の一をこれに与え、その余はみな国庫に入れる。もし農地があれば均等に近親に小作させる。もし嫁に出た娘が離縁された場合、または夫が死んで息子がいない者で、夫の家の財産を分割して自分のものとしておらず、父母の家に帰ってから(その家が)戸絶となった場合、未婚の娘の例と同じにする。その他は令・勅に従って処分する。

この提案によれば既婚の娘には葬儀費用を除いた財産の三分の一を与えられる。また既婚の娘でも離縁されて実家に戻った場合と、寡婦になって息子がおらず、自分の財産を持っていない場合には未婚の娘と同じ額、すなわち葬儀費用を除いた残りの額すべてを与えるという。『宋刑統』に載せられている提案であるからこの方針は実行されたのであろう。結局、娘が嫁に出ていた場合、その取り分は三分の一に値切られることになった。

その後の法の変化については滋賀秀三氏が研究している(『中国家族法の原理』第三章第三節)。それによれば、財産を従来通り継承できるのは未婚の娘に限定され、出戻りの娘は減額されることになった。さらに南宋では未婚・既婚・出戻りの娘が区別されており、未婚の娘は優遇され、その他の娘の取り分は減らされていたという。これらの点は後述する「女子分法」とも関連することになる。

以上のように、継承額に制限が設けられ、そうしてきわめて限定的な条件が付けられていったとはいえ、女性の財産継承権は基本的に承認されていた。

ここで注目しておきたいのは、法の規定が細かく揺れ動いている点である。女性には財産継承権を認めないという原理論で押し切ればことは済んだはずなのに、そうなってはいなかった。この背景には、おそらく娘たちからの(既婚の場合はその夫たちからも)不服申し立てがあったのであろう。彼女たちは自分の取り分が減らされるのであるから黙っていられるはずがない。一方で、基層社会の統治を担当する地方官たちも、不服申し立てに対して裁定を下す必要があった。そうしたせめぎ合いが原理を動かし、法を動揺させていたのではなかろうか。この点は後に再論する。

◈商人が残した財物の処分

次にもう一つの法をみよう。居住地を離れて商売していた商人が出先で亡くなった場合、現地に残された財物をどう処理するかについての法である。この問題について『宋刑統』巻一二・死商銭物の条に法文がまとめられている。当初の式(律令の施行細則)には次のように書かれていた。

およそ旅行中の商人が死んだ場合、家人・親族がいなければ財物は国家が没収する。文書をそろえて中央に報告せよ。のちに父兄・子弟などからの申し立てがあり、その身元が確認されれば財物はすべて返還せよ。

つまり死んだ商人に随行していた家族や親族がいなければ財物を没収し、あとで家族・親族が名乗り出てきた場合、身元を確認して返還するというのである。この場合、「家人・親族」の内訳については書かれていなかった。これでは法の運用に不便だったのであろう、規定が追加されてゆく。

唐の大和五(八三一)年二月十三日勅の概要。客死した商人の金銭・資財等については、父母・正妻・息子あるいは実の兄弟・未婚の姉妹・未婚の娘・甥が随行していた場合は、財物の取得、管理を任せよ。……

唐の大和八(八三四)年八月二十三日勅の概要。……

一　客死した商人および外国人の資財・貨物等は、従来の勅旨によれば、父母・正妻・息子・甥・未婚の娘が随行していた場合は財物をみな給付すべきであるとする。もし未婚の姉妹がいれば三分の一を給付せよ。もし上述の親族がいなければすべての財物は官が没収すべきである。……

といい、大和五年には傍線部のように「家人・親族」の範囲が明確にされる。その三年後には、「家人・親族」のなかの「未婚の姉妹」に与える分は「三分の一」に減額された。さらに五代・後周になると次のように修正された。

周の顕徳五(九五八)年七月七日の勅。客死した商人の資財・貨物等は、もし父母・祖父母・妻がいれば、息子の有りなしを問わず、また男女の子孫ならびに大功以上の親族(幼少であっても成人と同じ)がいれば、随行しているか否かを問わず、みな給付すべきである。もし以上の親族がなければ、同居の小功の親族および嫁に出た娘には三分の一を均等に給付する。その他の親族や別居している身内は給付の限りではない。

ここでいわれている「大功」「小功」の親族とは血縁の遠近を表すもので、死去した場合の喪に服する期間の長さが決められていた(「大功」は九か月間、「小功」は五か月間)。こうして商人が残した財物は、父母・祖父母・妻、男女の子孫、大功以上の近い親族に与えられることとなった。そうした家族・親族がいない場合、同居している小功の親族と既婚の娘に三分の一を与えるのである。このように財物の受領者に関する法の規定は厳密になっていった。おそらく争いの余地がなくなるように改正されたのであろう。ここで注目したいのは、基本的に女性に対する差別がないことである。祖母・妻と女の子孫（娘、孫娘など）にも給付された。つまり女性であっても財産の所有権は認められていたことになる。ただしこの財産は商人が持っていた商品などであり、土地などの不動産ではなかった。

以上のように女性と財産をめぐる法では、女性の継承分が明確に承認されていた一方で、女性の取り分だけが限定されてゆく方向にあった。その背景には原理を反映した法の厳密な実施を求める官僚たちの思惑と基層社会において無視できない女性たちの抵抗があったのであろう。これらを踏まえたうえで、南宋の「女子分法」を考えてみよう。

三――「女子分法」をめぐって

最初に南宋の「女子分法」とよばれる法について紹介しておきたい。これは家長が死んだあとの財産継承をめぐる規定の一つで、息子だけでなく娘に分与する額も規定されているので一般に「女子分法」とよばれている。少々細かい話になるが、お付き合い願いたい。

◈法文について

この規定は、本書で活用してきた『清明集』に残されていた。その巻八戸婚門（家族や婚姻をめぐる判決）の判決に次のような法が引用されていた。

A 「娘婿は妻の家の財産を半分に分けるべきではない」　劉克荘

法では「父母が死んで、子供たちが財産を分割する場合、女子は男子の半分を得ることができる」とする。母胎中にあっても男子である。周丙の死後の財産は三分し、忘れ形見の男子は三分の二を得、娘の細乙娘は三分の一を得るべきである。このように分割すれば、法意に合致する。……

Ｂ「孤児の田畑を処分する」　范応鈴

法によれば「すでに後継ぎが絶えた家（戸絶）で、親族の年長者の命令で後継ぎを立てた「命継」の場合、次のように財産を分割する。未婚の娘だけがいるときは、全体の四分の一を後継ぎに与える。もしさらに出戻りの娘がいるときは、五分の一を後継ぎに与える。未婚と出戻りの娘には、彼女らの取り分である五分の四を戸絶法によって分け与える。出戻りの娘だけがいるときは、戸絶法によって与える以外に、残りの半分を与え、その残りは国家が没収する。嫁に出た娘だけのときは、全体を三分して、三分の二を彼女らと後継ぎに平等に与え、三分の一は没収する。そうした娘がいないときは全体の三分の一を後継ぎに与える。いずれも三千貫を限度とし、二万貫に達した場合は二千貫を加える」とある。……

これらの法のうちＢと共通する規定は『清明集』の別の三篇の判決文にも引用されている。こうした法の規定をどのように理解すべきかが論争の中心になっていた。

◈「女子分法」の意味

Ａの法はかなり単純な文章になっており、法文の要点だけを載せたものとみられる。こうした引用は『清明集』ではしばしばみられるところで、判決文作者の記憶違い、あるいは誤記の疑いも残る。とりあえず正しい記述であるとすれば、大きな問題を含んでいたことになる。父母の死後、息子と娘に財産を継承させるといい、さらに娘に息子の半分の財産を与えると規定しているのだから、この法は前に述べた男性による家産継承の原理とは相当に異なっている。本来であれば、息子にだけ財産が与えられ、娘には嫁入りの際の持参財産分だけが与えられるはずである。男子均分の原則、つまり前掲「戸令応分条」に規定された家産分割の原則から外れた法であり、宋代という時代にあっては、大きな議論を巻き起こしたと予想される。ところがそのような議論の痕跡はなく、判決文に堂々とこの法が引用され、現実の判決に適用されているのであった。疑問は残るが、この記事ではそれ以上追究するだけの材料はなく、関連する史料もみつかっていない。Aは当面、本稿の検討対象から除外せざるを得ない。

一方のBの法はかなり詳細な規定となっており、元来の法文の形を残している。ただし「命継」という前提条件がある。これをあらためて確認しておけば、①父母がともに亡くなり、②後継ぎの男子がいない場合で、さらに③親族の年長者が誰かを後継ぎに立てた場合である。その場合の基本原則は、財産の三分の一を後継ぎが継承し、残り三分の二は国庫に入れることになっていた(これは淳熙年間〈一一七四〜八九年〉に出された法令に規定されていた)。ちなみに残された妻がいてその意志で後継ぎを立てた場合は「立継」といい、財産はすべてこの後継ぎが継承する。Bの法は「命継」の場合で、娘がいる場合の家産分割の割合を定めたものである。

◈論争の始まり

こうした「女子分法」の位置づけをめぐって論争が起きたのは、ある意味で当然のことである。「女子分法」が実際に効力を持って施行されていたとすれば、少なくとも宋代では男子均分の原則が守られていなかったことになる。そこでさまざまな議論が展開されてきた。

論争の口火を切ったのは仁井田陞氏であった（「宋代の家産法における女子の地位」）。この法が、原則論からすれば「特異」なものであったことは認めつつ、これは南宋政権が基盤とした江南地域の「法慣習」を反映したものであるとみなした。中国の伝統的な家族形態が共産制であったことを前提とする氏の立場からすれば、女子にも持ち分があるのは当然だという理解である。これに対して滋賀秀三氏は前述のような家族法の「原理」を踏まえて、慣習からは遊離した、「かなり恣意的な国家の法律」であるとした。そうした例外であるがゆえに、この法は南宋一代で消滅してしまったと考えたのである。以上が明版『清明集』発見以前の論争の、極めて簡単な要約である。

その後、一九八〇年代前半に北京・上海両図書館で明版『清明集』の完本が発見されると論争はさらに活発になった。高橋芳郎・柳田節子氏をはじめとして多くの論文が発表され、興味深い論争が展開された。また新たな史料の発掘も進んだ。私もかつての論文でこの論争を取り上げ、論点を整理して私なりの視点を提起してみた（『唐宋時代の家族・婚姻・女性』）。その後も研究が発表されているが、ここでそれらを整理する余裕はない。さしあたり論争が継続していることを確認しつつ、議論を先に進めたいと思う。興味のある方はぜひ関連論文を読んでいただきたい。それらは小川快之氏が紹介している（「宋代女子財産権論争について」）。

◈論争の成果

この論争の過程で明らかになったことがいくつかあった。何よりも、滋賀秀三氏のいわゆる「家族法の原理」が緻密な論理構成で強い説得力を持っていたことである。滋賀氏によれば、秦・漢から清までの「帝制時代」に、家族法の基礎となる「原理」が形成され、国家の法として具体化されたという。さらにこの「原理」は慣習としても一般に定着していったと氏はとらえている。なかでも唐宋時代以降には、多くの法制史関係史料が残されており、滋賀氏はそれらを分析することで「原理」をより明確に浮かび上がらせてきた。他方、多くの研究者が問題意識を共有して研究を進めた結果、「原理」そのものの検討とともに、歴史史料の発掘も進んだ。前者は今後の研究にゆだねられる部分も多いが、後者では目に見える成果が出されている。翁育瑄氏の「女子分」という史料用語の確認などはその大きなものである（「北宋墓誌に見える財産権に関する史料について」）。また「原理」の重要な論点である祭祀についても、佐々木愛氏が墓葬の実態との違いを指摘している。ことに妻と娘の墓葬の実態は滋賀氏の「原理」とは大きく異なっていた（「墓からみた伝統中国の家族」）。これらの研究によって、滋賀氏の「原理」に合致しない歴史的現実がかなり明らかになってきた。そうした研究成果は今後もさらに発表されるであろう。とすると、いまわれわれが直面しているのは「原理」と現実との関係をどう理解するかである。つまり、「原理」およびそれに基づく法と、実際の行政および現実社会のあり方の間には相応の距離があったのである。それらの「距離」をどのように把握するかという問題である。

◈「たてまえ」と「ほんね」

これを日本的にとらえれば「たてまえ」と「ほんね」の関係となるかもしれない。しかし、ある台湾人研究者に聞いたところ、この日本語に当てはまる中国語はないのだという。中国人の発想には存在しない言葉だということになる。確かに、手元の日中辞典などを引いてみると「建前と本音」に「場面話和真心話」という訳がついている。これをさらに中日辞典でみると、「場面」は「外観、みかけ、体裁」などとし、「真心」は文字通り「まごころ」とする。しかしこれらの訳では日本語の語感として違和感がある。また「建前」を「主義、方針、原則」などと中国語訳しており、日本語の持っている語感とは一致しない。考えてみると、日本語の「たてまえ」には、表向きの、正しいけれども到達できないものという〈あきらめ〉の感情が含まれている。しかし中国人の考える原理・原則には〈あきらめ〉の感覚はないようだ。あくまでも到達に向かって努力すべき、正しい目標という意味なのである。つまり中国人は「原理」を大前提に据え、この目標に向かってさまざまな行動をとるべきだと考えているのだ。このような語感の問題は個人差があるのかもしれないが、私には日中間の国民性ないしは文化の違いのように思われて興味深い。

ともあれ当面する問題は「女子分法」における「原理」と「現実」の関係である。これをどうとらえるべきなのであろうか。私なりの大まかな見通しを立ててみたい。

◈「女子分」の現実

そこで現実に関わる関連史料をあげてみる。もちろん『清明集』に注目するが、いまのところ一例しか見出せていない。そこには前掲のような法令ではない「現実」についてわずかながら記されていた。この貴重な判決文は巻一三懲悪門にあり、翁甫《おうほ》が下したもので「叔父が、姪の死について不審な点があると誣告したこと」と題されている。これは複雑な親族関係を踏まえた訴訟で、話の筋が読み取りにくい判決文である。すなわち、璩天佑《きょてんゆう》という人物が姪・息娘《そくじょう》の死後にその土地をわがものにしたいと企んだ訴訟で、そこに「女子分」に関する記述があった。判決の書き出しは次のようである。

本県ではさきごろ璩天佑が訴え出た。「張崇仁が私の姪の息娘を娶ったのは違法であるのに、持参財産である農地をすべて自分のものとしている」と。そこで璩天佑を召喚したが、まだ訊問が終わらないうちに、重ねて「姪の息娘の死因に不審な点があるので、再度検屍をお願いしたい」と訴えを起こした。……本官は県尉と巡検に命じて法令通りに調査と検屍をすませた。……ああ璩天佑のこのたびの訴訟は不仁、不義の極みといえよう。

調べたところ、息娘は璩天叙の娘であり、璩天叙は璩天佑の兄である。息娘の父（つまり璩天叙）はすでに亡くなり、母は病で障碍を持っている。息娘の兄弟姉妹は三人。息娘は年長者で、祖父瓌堯祖から受け継いだ持参財産の農地を持って遠縁の張崇仁に嫁いだのである。

……

というように、瓌天佑の訴訟は不当なものと判断された。またここで家族関係も明確にされており、瓌天叙の子供は男女三人であった。なお、省略した部分では、張崇仁と息娘の婚姻自体が法律に違反していたことが明らかにされていた。次いでこの持参財産である農地の処置について検討するのであるが、この判決文では次のように判断されている。

……もしこの農地を瓌氏に返すとしても、息娘の弟・妹はそれぞれ自分の分を持っているので、その上にさらに取り分を与えることはできず、……戸絶田として国庫に没収とするのが妥当である。……

と。最終的には、この農地を天寧寺に寄進して息娘を供養させよという判決が下された。ここで注目したいのは傍線部である。原文は「息娘弟妹、各有己分、不得再此分」で、弟と妹にそれぞれの「分」があるといわれている。つまり瓌天叙の三人の子（息子一人、娘二人）には男女を問わず「分」つまり取り分があるとされている。これは息娘と妹にしてみれば、まさに「女子分」である。

法律の条文中ではなく、現実の遺産継承の場面で、女子に「分」があることが認識されていたのだ。

◈『清明集』の他に

『清明集』以外の史料にも「女子分」を示す史料がいくつか発見されている。一例だけあげよう。前掲の翁育瑄氏は墓誌銘などの遺産分割の例を示したが、そのなかに孫成象（九九一〜一〇二三年）という人の墓誌があった。彼の妻に関する記事である。

（孫成象）は……李氏を娶った。その実家は資産が多かった。かつて家産の分割をおこなったが、同族の婿が妻の「分」を主張し、たえず訴訟を起こそうとした。孫公はいった。利を求めて婚姻をおこなうのは末世の悪風である。まして訴訟を起こすとは士人のすることではない。……

（『忠粛集』巻一四「贈刑部侍郎孫公（成象）墓表」）

ここで妻の「分」と訳した原文は「女分」である。李氏の一族の娘と結婚した婿が、妻にも「女分」があると主張して訴訟を起こそうとした。もちろんそれは李氏の娘の「分」でいわゆる「女子分」なのである。

この他の例も合わせて考えれば、北宋中期に娘には遺産に関わる持ち分があり、それに基づく遺産相続は通常の事態であったとみられる。滋賀氏の「原理」とは異なる、こうした「女子分」

が認識されていたのであった。ではその背景に何があったのか。簡単に私なりの見通しを立ててみよう。

◈「女子分」の背景

ここではまず、唐宋時代の家族・婚姻のあり方とその歴史的変化を確認しなければならないが、それはすでに3章でまとめた。簡単に繰り返せば、南北朝から宋代にかけて夫婦の一夫一妻制的な結びつきは徐々に強固になり、宗族の傘下から小家族が自立していった。夫婦の結合関係でいえば、夫は多くの妾を持つなどルースなものであったが、正妻の地位が明確にされるとともに、本来の原則とされていた一夫一妻制の関係に近づいていった。この過程で「嫉妬する妻」は抑圧されていったが、妻たちが完全に抑え込まれるはずはなかった。本書でみてきたように、『清明集』に登場してくる妻たちの自己主張、あるいは「利己」主張は強力で、裁判を担当する地方官たちの手を焼かせていた。また、袁采は自立する力を持った「賢婦人」の活躍を認め、当時の現実の一端を的確に記録していた。つまり宋代には、女性たちを抑えこもうとする圧力が大きくなる一方で、彼女たちの旺盛な自己主張の意欲も衰えず、一夫一妻制の充実に向かって重要な役割を果たしていたといえよう。

◈宋代の娘たち

このような歴史的現実を考えると、宋代に「女子分法」が存在したことは何ら不思議ではない。唐代以前からの女性の自己主張の風潮は、宋代の遺産継承の際にも存分に発動されたであろう。彼女らの取り分が減らされることになれば、当然激しく抗議したはずである。一方、遺産をめぐる訴訟が頻発すれば、地方官たちはいちいち対応せざるを得ない。彼らは男性原理と折り合いをつけるべく、何らかの解決策を模索せねばならなかった。こうして判決を下すための細かな運用規定が編み出され、「女子分法」が単行法令として法文化されたのではないだろうか。そこでは、不十分ながらも、女性による財産継承は認められたのである。しかし「原理」に合致しないこの単行法令が次の時代まで残存するチャンスはほとんど残されていなかった。

もう少し具体的にみよう。いくつかあった財産継承の方法のなかでも、「命継」という方式は、いわば横槍のような後継者の押し付けである。原理的には家産を継承する男性戸主を立てることは当然の処置であり、理念として推奨できる処置である。しかしこの原則論に立った場合、娘たちが強い不満を持ったことは疑いない。「戸絶」になればほぼすべての財産を彼女らが継承できるはずだったのに、それが減らされるのであるから、娘たち(とその婿たち)が不満をぶつけないはずがない。後継者の選定と遺産争いは当然紛糾し、裁判に持ち込まれた。そうした彼女らの不満をやわらげようと苦慮した地方官が「女子分法」の規定を編み出したのであろう。その結果、指名された後継者はその地位となにがしかの財産を得、娘たちにもそれなりの取り分が保証された。

こうして男性中心の「原理」を承認しつつ、その実現のための一段階として、当面の妥協策つまり単行法令としての女子分法が制定されたのだと思われる。

見方を変えれば、「女子分法」が存在したという事実は、国家と庶民のせめぎあいの結果である。当時者の娘たちは不満足かもしれないが、この裁定で手を打つしか方法がなかった。これが宋代という歴史的段階であった。こののち女性の自己主張はさらに抑圧されてゆく。何よりも国家の法が整備され、裁判や行政もそれに追随していったし、朱子学などの道徳規範も浸透していった。こうして南宋の「女子分法」が生き延びる道は閉ざされ、わずかに『清明集』の判決文にその痕跡をとどめるだけの状況になった。

以上が私の「女子分法」問題に対する見通しである。ここでこの見通しを実証する十分な史料をあげることはまだできない。いまのところの見通しを述べてみたものに過ぎない。今後実証研究が進めば、史料的裏付けが取れるかもしれないし、あるいは何らかの修正が必要になるかもしれない。あくまでもこれまでの研究に依拠した大まかな見通しなのである。

おわりに

本章では、唐宋時代の家父長制や女性に関わる法を紹介し、とくに財産権に関わる法について考えてみた。この過程で理解できたのは、中国は男性原理の社会といわれながらも、唐宋時代の法には女性の存在が濃い影を落としていたことである。この事実を受けて、最後に「女子分法」問題の見通しを述べてみた。これはかなり専門的な問題になるが、あえて述べた。それは本来の研究論文には書けないものの、このようなイメージを持ちながら研究を進めているという裏の話を少しだけでもお見せしたかったからである。読者の皆さんがこの問題に興味を持ち、研究に取り組んで、新たな見解を示していただければ幸いである。

【参考文献】


梅原郁『宋代司法制度研究』創文社、二〇〇六年。第二部第五章「唐宋時代の法典編纂」。

翁育瑄「北宋墓誌に見える財産権に関する史料について」『上智史学』四八号、二〇〇三年。

大澤正昭『唐宋時代の家族・婚姻・女性』明石書店、二〇〇五年。

小川快之「宋代女子財産権論争について」『上智史学』六〇号、二〇一五年。

佐々木愛「墓からみた伝統中国の家族——宋代道学者の作った墓」『島根大学法文学部紀要　社会文化学科編　社会文

化論集』一一号、二〇一五年。

同「伝統家族イデオロギーと朱子学」小浜正子ほか編『中国ジェンダー史研究入門』京都大学学術出版会、二〇一八年)。

同「『父子同気』概念の成立時期について——『中国家族法の原理』再考」『東洋史研究』七九巻一号、二〇二〇年。

滋賀秀三『中国家族法の原理』創文社、一九六七年。

同『中国法制史論集』創文社、二〇〇三年。序章・第一章など。

高橋芳郎『宋代中国の法制と社会』汲古書院、二〇〇二年。

仁井田陞『唐令拾遺』東京大学出版会、一九三三年。

同「宋代の家産法における女子の地位」『中国法制史研究』〈家族村落法〉、東京大学出版会、一九六二年。

仁井田陞著、池田温ほか編『唐令拾遺補』東京大学出版会、一九九七年。

柳田節子「宋代における義絶と離婚・再嫁」『宋代庶民の女たち』汲古書院、二〇〇三年。

終章

唐宋時代は何人家族？——史料から数値を読み取る

はじめに

前章まで紹介してきたのは妻と娘の〈活躍〉であった。幾種類かの史料に登場する彼女らの行動に焦点を当てて、その特徴をみてきた。いわば個人的行動についての考察で、そこから夫婦や家族のあり方をうかがうこともできたのであった。これは「神は細部に宿る」という格言が有効であろうと信じて取り入れてみた手法でもある。ただ妻と娘というのは女性が家族のなかで占める位置を示す呼称である。その他に夫もいれば息子もいる。また祖父母やその他の血縁者もいる。私たちが妻と娘を考える場合、こうした家族の存在を大前提としてきた。ではこの家族とは何だろうか。読者のみなさんは考えたことがおありだろうか。

◈家族は変わるのか

ご存知のように、現在の日本の家族は父母と未婚の子供からなるいわゆる核家族で、だいたい三、四人の小家族である。しかしこのような家族はいつから続いてきたのだろう。たとえば私の親の世代（一九〇〇年代前半の生まれ）を考えてみると、父の兄弟姉妹は男女三人ずつの六人、母のそれは男女二人ずつであった。両親の生前に聞いたことはなかったが、夫婦と子供に祖父母が加われば最多で三世代八〜一〇人ほどが同居する大家族であったのかもしれない。これが当時の普通の家族だった。しかし第二次大戦後、大家族は急速に減り、小家族が多数になってきた。この一〇〇年足らずのうちに家族は大きく変化した。私たちの身のまわりにある現実は絶えず変化しているのである。では遠く古代や中世の家族はどうだったのか、江戸時代は、など疑問がわいてくる。

◈家族史研究の意義

実はこの問題は歴史学上の大問題であった。とくに第二次大戦後、研究の自由が保障されるようになり、F・エンゲルスの世界史的視野での家族の発展という提起（『家族・国家・私有財産の起源』一九世紀後半初版）がクローズアップされ、家族研究が大きく進展した。K・マルクスの盟友である彼は、歴史発展の究極の要因は生産力と家族の発展だという、刺激的な考え方を提出した。そうして家族は原始社会の集団婚から近代の父系制単婚家族、つまり一夫一婦制小家族へ発展してきたのだとした。その後、研究が進み、原始社会の問題などではこれまでに否定された部分も多い。他方、彼はこの過程で母系制から父系制への移行という「女性の世界史的敗北」が起こったのだと考え、近現代における女性差別の根源を指摘するなど示唆に富んだ議論も多く提示した。

これを承け日本でも歴史学だけでなく考古学や文化人類学などの諸分野で研究が進んだ。そうして世界史的視野で、家族の概念規定がおこなわれ、家族規模だけでなく、その構造が解明されてきた。現在でも幅広く研究が続けられている。歴史学ではとくに古代史の分野で、中国史なら秦漢時代までの、家族研究が進んでいる。これまでに蓄積された研究の量は膨大で、ここで一概に云々できるようなものではない。ただ中国の、ことに唐宋時代という時間枠を設定してみれば、佐竹靖彦氏の見通しが提起されているものの（「宋代の家族と宗族」）、まださほど多くの研究があるわけではない。そこで本章では唐宋時代の妻や娘が生きていた舞台である家族を、その規模という視点から考えてみたい。本書のここまでの記述を踏まえて家族の構成とその人数に注目してみる。そうして文献史料から家族を構成する人数などの数値をどう読み取るのか、その方法をも紹介することとしたい。

一――家族規模に関する史料

これまで唐宋時代の家族規模を研究する場合、いくつかの史料群が注目されてきた。よく知られているのは甘粛省敦煌発見の戸籍類文書群と正史の地理志記載の戸口数統計である。まずそれらの研究成果の一部を紹介しつつ、家族規模を考えてみる。

◈敦煌文書の発見

唐代の家族規模について考えるための史料としてもっともよく知られているのはいわゆる敦煌文書に残されていた戸籍である。二〇世紀初頭に敦煌・莫高窟の壁の内部から発見され、持ち出された大量の敦煌文書は学界に大きな反響を呼び起こした。この文書の内容はほとんどが寺院関係のもので、経典や写経類などであった。ただ、それらは官庁用書類の反故《ほご》つまり裏紙を利用したものが多く、そちらの方が歴史学にとってはきわめて貴重な史料であった。これらは、最初の発見者がイギリスのオーレル・スタイン探検隊、続いてフランスのポール・ペリオ探検隊であったため、文書全体の約三分の一ずつが英・仏両国に運びだされた。また、このビッグ・ニュースが世界に伝わると大きな衝撃を持って迎えられ、清朝政府は急ぎ残りの文書を北京へ運び出した。そうして日本では西域ブームが起こり、歴史学だけではなく文学・仏教学など幅広い分野で研究が進められた。ここで「敦煌学」という呼び名も与えられることとなった。以後およそ一〇〇年が経過し、貴重な研究成果が積み上げられてきている。もちろん文書を用いた家族問題の研究も進んでいる。

◈敦煌の戸籍

そこで家族研究の一次史料である戸籍のごく一部を紹介することとする。一部ではあっても戸籍の形式は同じなので、当時の家族の実態をうかがうための参考になる。取り上げるのはイギリスのスタイン探検隊が持ち帰った天宝六(七四七)年の戸籍断簡(S4583)である。若干の欠落があるが、そこには家族構成と所有する土地の面積・所在地などが記載されていた。土地の記載は均田制研究にとって重要な史料であるが、ここでは触れない。さしあたり家族構成の部分だけを取り上げればおおよそ次ページのようなものであった。上段が原文で下段が要点である。

◈戸籍に書かれた家族

この戸籍の冒頭にある「〇〇〇」は欠落している部分で、他の例から推測して上には「戸主」という二字があったと考えられる。次の「〇」にはこの家族の姓で陳や張などが書かれていたはずだが不明である。つまりこの戸籍に記載された家は「〇仁明」という人が戸主で、三世代合計九人の家族であった。このような家族構成はほかの戸籍もほぼ同じであった。また戸主の母は辛氏で寡婦であるが、名は書かれていない。ほかの戸籍も妻の名は書いておらず、出身の家の姓だけを記している。また戸主の妻については何も書かれていないので、この戸籍ができる前に死んだか離婚したのであろう。「男」は息子、「女」は娘の意味であり、「姉・妹」は戸主の姉・妹である。さらにその下に年齢と年齢による区分が記入されている。この区分は徴税や労力を徴発する際などに適用される。戸主の下に記入されている「上柱國」とは、功労者に与えられる勲官という称号の一つで、名目のみの位である。

○○○	仁明載肆拾壹歳	上柱國	○仁明41歳
母辛	載陸拾陸歳	老寡	母辛氏66歳
男良　輔	載　玖歳	小男	息子良輔9歳
女黒　子	載　参歳	黄女	娘　黒子3歳
女尚　子	載　参歳	黄女	娘　尚子3歳
女足　足	載　貳歳	黄女	娘　足足2歳
姉進　娘	載肆拾柒歳	中女	姉　進娘47歳
姉妃　娘	載肆拾肆歳	中女	姉　妃娘44歳
妹伏　介	載参拾伍歳	中女	妹　伏介35歳

◈家族構成

さてこの戸籍をみるといろいろな情報を取り出せるが、読者のみなさんは何に気がつくだろうか。たとえば辛氏と戸主の妻はそれぞれ子供を四人あるいはそれ以上産んでいたことがわかる。子供の男女比を数えてみると、ともに一対三で男が少ないということにも気がつくだろう。辛氏が産んだ他の娘が結婚して他家に入っているとすれば娘の比率はもっと高かったであろう。また戸主には息子一人のほかに、六歳以上はなれた娘が三人いるが、二人が三歳で、一人が二歳である。この黒子と尚子とは双子で、さらに足足は年子の妹として生まれたのもわかる。こうした子供の構成はあり得ないことではないけれども、別の家の戸籍でも双子の例が幾例もあり、気になる点ではある。その他、何か気になることはないだろうか。たとえば、戸主の姉・妹が三人も戸籍に含まれているが、彼女らは未婚のまま家に残っているのだろうか。あるいは離婚して戻ってきたのだろうか。そうして家にいるとすれば彼女らの仕事は何だったのか、この家が農地を持っていることはわかっているので農業を手伝っていたのかなど、知りたいことがたくさん出てくる。ただどの問題も研究のための関連史料が不足している。

◈男女比のアンバランス

ところでこの戸籍には戸主の姉妹も含まれているため、子供の性別だけでなく家族全体の男女比が二対七とアンバランスになっている。これはこの家だけの特殊事情だったのかと考えて調べてみると、実はそうではなかった。敦煌文書の戸籍を網羅的に研究した池田温氏によれば唐代の戸籍全体でこのような「女口過多の現象」つまり女性が多いという性別比の偏りがみられ、平均した男女の比率はおおよそ女性が男性の三倍つまり一対三ほどになるという（『中国古代籍帳研究』）。これまでこの偏った性別比をどう理解するかについて、多くの研究が発表されている。たとえば戸籍を偽物だと疑う説、本物だとして男性の多くは税逃れのため、出家して寺に入っているという説、男性はシルクロード交易のキャラバン隊員として外に出ているという説、あるいは敦煌は交易の拠点なので遊女が多く、彼女らが戸籍に入れられているという説などさまざまな見方が出されている。池田氏も見解を表明し、官と民の妥協の産物だとする説を出している。つまり庶民は、男性人口を少なく登録して税・役を逃れたかったので、生まれた男児を女児として届けた。他方、地方官は、自分の任期中に人口が増えたことを実績としたかったので男女にこだわらず出生登録をさせたのだろう、というのである。この戸籍自体は本物であるが、記載内容に若干のごまかしがあるのではないかと考えたのであった。この説はそれなりに説得的な考え方ではあるが、これを証明する直接的な史料はない。

ともあれ敦煌の戸籍は家族を研究する際の貴重な記事ではあるものの、家族の実態をどれだけ忠実に反映しているかは疑問であった。またそもそも敦煌は西域とよばれる中国の西のはずれ、シルクロードの入り口にあり、辺境に位置することは確かである。政治・経済の中心部である長安・洛陽などとは事情が異なっていることも予想される。このように家族研究の史料としては研究の不十分な点が残されている。では正史・地理志の戸口数統計史料はどうであろう。

◈正史の人口統計

各王朝の正史・地理志に掲載された戸口統計には行政区域(主に州)ごとの戸数と人口数が載せられている。戸数とは家の数であるからこれを家族単位のまとまりと考える。具体例をあげてみよう。古くからの大都市である蘇州を例にとると、地名は時代によって変わったものの、次のように記録されている。

『旧唐書』巻四〇地理三　江南道

蘇州……もと四県を管轄していた。(七世紀前半)戸数は一万一八五九で、人口は五万四四七一人である。天宝年間(七四二~五六年)には六県を管轄し、戸数は七万六四二一で、人口は六三万二六五五人である。

『新唐書』巻四一地理五　江南道

蘇州……戸数は七万六四二一で、人口は六三万二六五〇人である。七県を管轄している。

『宋史』巻八八地理四　両浙路

平江府……崇寧年間(一一〇二~〇六年)の戸数は一五万二八二一、人口は四四万八三一二人である。

『旧唐書』『新唐書』はともに唐代の正史であり、基本的情報は同じである。しかし、記事に多少の違いがみられる。このうち口数が五人異なっているのは単純なミスであろう。また県の数も四・六・七となっているが、正史の記事が根拠にしている史料の成立時期によって管轄する県の数に違いがあった。州や県の設置と廃止はしばしばおこなわれていたからである。

◈数値の問題

それはともかく、これらの数値を比較してみると唐〜宋時代の蘇州のおおまかな人口動態がわかるし、他の地域のデータも記載されているのだから全国の人口動態もわかるであろう。誰しもがそう考える。梁方仲氏はそれらを網羅して一冊の本にまとめていて便利である（『中国歴代戸口、田地、田賦統計』）。歴代の統計を見渡すと一家族当たり四〜六人ほどであり、おおよそ五人ほどである。古くから小家族を表す際に使われた「五口の家」という表現はかなり妥当なものであった。

とはいえ詳細にデータをみるとそう単純には理解できないところがある。たとえば『旧唐書』の蘇州の一戸当たりの人数は、唐初期に約四・六人だったのが天宝年間に約八・三人となっていた。戸数は約六倍、人口は約一二倍と急速に増加しており、それが家族の人数にも反映していたのであろう。しかし、この約一〇〇年の間に一戸を構成する家族員の数が二倍弱になったのである。単純化すれば、唐初期に五人家族であった家が一〇〇年後には一〇人家族になった。さきに述べた現代日本の家族の変化と逆の動向であるが、第二次大戦をはさんだ現代日本とは比較できない。家族の規模がこれほど急に大きくなった理由を知りたくなる。一時にたくさんの子供が生まれる要因があったのか、乳幼児死亡率が急に減ったのか、それとも親族などが一戸の家になだれ込んできたのか、などさまざまに想像できるものの、どれも根拠となる史料がない。別の方面からの研究が必要だと思われるけれども、いまのところ説得的な学説は出されていないようである。

また宋代の戸数は唐代天宝年間の約二倍になっているのに人口は三分の二ほどに減っている。そうして一戸当たりの人数も約八・三人から約二・九人と大幅に減少している。これも大きな疑問であり、論争がおこなわれた。その結果、宋代の人口を記録する際に女性の数は計算に入れない場合があったというのである。前後の王朝の統計では男女ともに数えているから、通例と異なる統計だったということになる。そのように統計の原則を変えた理由は明らかではない。ただ正史という権威ある史料であっても人口の実態や家族規模は容易に把握しがたいのであった。では何を史料として研究をすればよいのか。ここはやはり小説史料にこだわってみたい。

二――唐代の家族規模

そこでふたたび『太平広記』(以下『広記』と略称)と『夷堅志』を取り出すことにする。ただしこれらに具体的な統計が載せられているわけではない。では、どのようにして家族規模を研究するのか、最初に述べておこう。

◈研究の方法

何よりも家族に関わる記事の登場人物の数が手がかりになる。まず家族の構成員全体が登場している話を選び出し、そこに登場する夫婦・子女や祖父母あるいは同居人など家族員の数を集計するのである。とくに子供の数は家族の規模を検討する際の手がかりとなるので、男女に分けて数えてみる。また、この家族がどのような階層に属しているかにも注意しておかねばならない。たとえば官僚や富裕層の家族と貧困な農民の家族では規模が異なっているかもしれない。また何世代の同居かも知っておきたい情報である。手間のかかる作業ではあるが、これによって相応の家族の実態が理解できるはずである。ここで具体例をあげて説明したいが、すべての史料をあげて説明するだけの余裕はないし、それをしてもあまり意味はない。典型的な例をいくつかあげて、あとは集計の結果のみ掲載することとしたい。もし数値の詳細を知りたい場合は私の著書『唐宋時代の家族・婚姻・女性』第三章の〈表3―1〉〈表3―5〉をご覧いただきたい（ただし、この二つの表と統計結果にいくつかの校正・計算ミスがあることが判明した。参照される場合はご注意をお願いしたい）。

まず『広記』から取りかかると、全部で一六五話あり、一七一家族の材料を集めることができた。ただし所属階層が不明なものや人数が明記されていないものもあるし、概数だけが記されているものもある。これらの扱いが難しいが、とりあえず人数が明記されているもので、最小の数値を拾い出して大枠の数値を把握することとする。

◈家族と「世帯」

データの全体を見渡すと、とびぬけて大人数の例が目につく。それは家族の構成員数に「百余り」「六十余り」「数十口」などと書かれている例である。それらの記事を読むと、通常の家族とは異なる構成が書かれており、別の家族類型としてとらえた方がよいようである。たとえば次のような話である（『広記』巻一二六）。

（五代十国の）前蜀には尋事団あるいは中団という組織があり、小院使（軍人の官職）の蕭懐武《しょうかいぶ》が率いていた。……（彼はスパイ活動をおこなって、権勢を誇っていた）……後に後唐の郭崇韜《かくすうとう》が蜀を征服したとき、蕭懐武が謀叛を企んでいると告発する者がいた。一家百余人は老人・子供を問わずみな市場で死刑に処された。

『広記』にはこうした大規模な「一家」などが九例みつかった。しかしこれらの記事では「家」と表現されているが、いわゆる家族ではない。それは別の話のなかに表明されている。『広記』巻二三〇に隋の王度の物語があり、次のような記述がある。

……そのとき天下は大飢饉で、多くの民が病気になった。蒲《ほ》・陜《せん》州の周辺(現在の山西省南端、河南省西端周辺)は疫病がとりわけ深刻だった。河北出身の張龍駒という人がおり、王度の部下だったが、その家の良・賤民数十人が一時に病に罹った。王はこれを哀れに思って、……

ここには「その家の良・賤民数十人」という表現がある。この賤民とは当時の身分制で規定された私奴婢・部曲である。つまりこの「家」という表現には家族のほかに隷属民が含まれていた。その他おそらく良民の使用人もいたであろう。ここでいわれる「家」は、血縁の家族と非血縁の隷属民・使用人などの集団である。これまでの家族研究ではこうした集団を「家族」と区別して「世帯」などとよんでいる。したがって家族を検討する小論では九例の「世帯」を除いて考えることとする。

◈上流階層の家族

次に上流階層の家族の例をあげる。「竇凝《とうぎょう》の妾」という話である（『広記』巻一三〇）。最初の部分の大意は次のようなものである。

唐の開元二十五（七三七）年、晋州（現在の山西省）の長官である柳渙《りゅうかん》の外孫の娘（つまり名門である崔氏に嫁いだ娘の娘）は汴州（河南省開封）に住んでいた。長安の近県に竇凝という者がおり、彼女を娶ろうとしていた。……しかし凝には妊娠中の妾があり、崔氏の側ではこの妾と別れたあとで婚礼をおこなうことにしていた。凝はこれを承諾した。……（彼はこの妾と生まれた双子の女児を殺してしまう）……凝は崔氏を欺き、妾とは別れたといって婚礼をおこなった。のち十五年、崔氏は男女数人を産んだが、男児は育たず、女児二人が成長した。……

この後、竇凝は殺した妾の鬼（亡霊）に苦しめられることになるのだが、家族規模を考えるにはここまでの話でよい。この竇凝という、名門崔氏と婚姻関係を結んだ男性の家族としては、夫婦と二人の娘しか出てこない。もし彼の両親などがいたとすれば、苦しんでいる竇凝を助ける行動をとるはずであるがそのような人は影も見えない。妻の出産人数は「数人」であるが二人しか残っていない。ある時点での家族員数は確定できないけれども、安定的な家族を考えればその数は四人である。そこで竇凝は二世代四人の核家族であったと判断できる。無論、この話は鬼が恨みをはらすという小説であり、現実にはありえない話題である。けれども話の主題から離れた、家族関係の記述までが非現実的だとはいえない。この話を作り、またこれを読んだ唐代の人々は無意識のうちに、それなりのリアリティを前提にしていたと考えられる。当時の、いかにもありそうな舞台設定でなければ、話は受け入れられず、それこそ荒唐無稽な話として葬り去られたであろう。

もう少し出産数が多く、規模が大きい家族の話もある。「桜桃の下女」（『広記』巻二八一）という話である。

> 天宝年間（七四二～五六年）の初め、范陽（現在の北京周辺）の盧子《ろし》という者がいた。……夕方、ロバに乗って散歩していたところ、ある寺院で僧侶が説教しており、たくさんの聴衆がいるのをみた。盧子はその座に加わったものの退屈して寝てしまった。夢の中で寺院の門に行ったところ、一人の下女が桜桃の籠を抱えて末席にいるのをみた。……（下女は、盧子の遠戚である崔家の寡婦に仕えているというので、そこを訪問した。そこで崔氏は盧子に遠縁の寡婦・鄭氏を紹介し結婚させた。その後、盧子はとんとん拍子に出世し、宰相になったが、左遷されて東都留守になった）……婚姻後、二十年余りで七男三女を産み、みな官職を得、結婚も決まった。内外の孫は十人いた。……

長い話なので途中は省略に従った。結末はすべてが盧子の夢であり、人生を悟った彼は仙人になろうとして跡を絶ったという。有名な「邯鄲の夢」と同工異曲の話である。ただしここで家族に注目すれば、書かれている子供は「七男三女」で内孫も何人かいたようである。ある時点で何人が同居していたかは不明だけれども、男児が多かったことからすれば、夫婦と合わせて一〇人以上の規模だった可能性が高い。話の筋には、栄耀栄華をきわめた出世物語の部分もあり、当時の人々にとってはそれこそ夢のような話であったろう。とはいえありえない話ではなかった。これは三世代一〇人以上の大規模な家族とみなすこととする。

◈庶民階層の家族

では庶民階層の家族規模はどうだったのか。たとえば馮俊《ふうしゅん》という人の話がある（『広記』巻二三）。

唐の貞元年間（七八五〜八〇五年）の初め、広陵（現在の江蘇省揚州）の人、馮俊は日雇い労働を生業としていた。力持ちで愚直だったので、仕事に恵まれていた。あるとき一人の道士に出会った。市場で薬を買い、百余斤（六〇キログラム余り）の重さの袋を置いて、一人で担げる者を募っていた。賃金は倍払うという。馮俊は応じて、六合県（広陵の西五、六〇キロメートル）まで運んで一千文という報酬で契約した。……（荷物を届けて帰るときに）道士が「遠くまで来てもらったので、少しばかりお礼をしよう」といって一千文を腰に結び付けた。「家に帰って解いたら珍しいものがあるぞ」といい、またいった。「家に家族は何人いるか」と。「妻子五人です」

というと丹薬百余粒を授けて、……

この話の結末は、家に帰った馮俊が、一千文の銅銭が金であったことを知り、日雇いをやめて田園を買って富民になったというのである。まじめな庶民が幸運に出会ったという話ではあるが、家族規模に関わるのは最後の部分だけである。日雇い人夫・馮俊の家族は「妻子五人」だったという。彼を含めれば夫婦と四人の子供からなる二世代の核家族であった。もう一つ日本のかぐや姫の話と似た楊敬真という人の話をあげる（『広記』巻六八）。

楊敬真は虢《かく》州閿《じゅ》郷《きょう》県（現在の河南省）長寿郷天仙村の農家の娘であった。十八歳の時に同じ村の王清に嫁いだ。夫の家は貧しかったが農業に励んでいた。楊氏は婦道に努め、夫の一族は働き者の嫁とみていた。……三男一女を産んだ。二十四歳のとき、元和十二（八一七）年五月十二日の夜、夫にこう告げた。「私は気持ちがとても不安定で人の言葉を聞きたくないので、静かな部屋で休みたいのです。……」……（朝になると抜け殻のような衣服が残されているだけだった）……ただ不思議な香りが部屋に満ちていた。夫は驚いて父母に告げ、ともに嘆いた。……

この続きでは、楊氏が消えた晩、村中の人が天の西方からの音楽を聞いた。それが王清の家に降りてからも演奏が続き、しばらくして天に上っていったという。これは月に帰ったかぐや姫の話の一つの原型かもしれない。それはともかく楊氏は三男一女を産み、王清の両親と一緒に暮らしていた。貧しい農家ではあったが、この家は三世代八人家族であった。

◈家族規模の数値

以上のように小説史料を検討し、その家族の規模を考える材料とするのである。もとより正確な数値は望むべくもないが、最小限の人数で家族の大枠を把握することはできる。それらをA上流階層（官僚・知識人および富民など）、B庶民階層（農民・町民・隷属民などを一括）に区分し、人数が明確な例の統計をとる。それを簡単にまとめれば［表1］のようになる。前にも触れたように、これらの数値は最小のものを採っているので実際はこれより多いことを前提とする。

以上の数値について確認したい点は次の通りである。まず家族規模であるが、人数が書かれている例は全体で一二一家族、五三一人であるから平均すれば一家族四・四人で、誤差を考えれば五～六人家族となる。前掲の正史を材料とした蘇州の例とは一致しないが、歴代の平均的な小家族を示す際に用いられる「五口の家」という表現とほぼ一致する。このうち上流階層は官僚などが四・九人、富民が四・六人なのに対して、庶民階層は三・六人であり、一・〇～一・三人の差が出ている。また子供がいる家族でみると子供数の平均は上流階層で三・三人、庶民階層で二・一人となり、両階層の間で一・二人の差が出ている。こうした平均的な家族規模の差は経済力の差でもあり、ほぼ予想していた通りである。結局、唐代の小説史料に現れた家族規模は、おおま

［表1］唐代の家族規模

A 上流階層

官僚など	家族数　64	総人数　311人	うち子供数169人（男108人　女56人）
		1家族平均4.9人	子供数平均2.6人（男1.7人　女0.9人）
	子供がいる家族52（81%）		子供数平均3.3人（男2.1人　女1.1人）
富民など	家族数　13	総人数　60人	うち子供数33人（男6人　女6人）
		1家族平均4.6人	子供数平均2.5人（男0.5人　女0.5人）
	子供がいる家族9（69%）		子供数平均3.7人（男0.7人　女0.7人）
合計	家族数　77	総人数　371人	うち子供数202人（男114人　女62人）
		1家族平均4.8人	子供数平均2.6人（男1.5人　女0.8人）
	子供がいる家族61（79%）		子供数平均3.3人（男1.9人　女1.0人）

B 庶民階層

合計	家族数　44	総人数　160人	うち子供数61人（男40人　女13人）
		1家族平均3.6人	子供数平均1.4人（男0.9人　女0.3人）
	子供がいる家族29（66%）		子供数平均2.1人（男1.4人　女0.4人）

かにいえば上流階層は五人家族で子供が三人（男二人、女一人）であり、庶民階層は三〜四人家族で子供が二人（男一〜二人、女〇〜一人）であった。これらの数値からみてここで提示した研究法はそれなりに説得力を持つことが諒解されるであろう。

◈特異な性別比

この結果でとくに注目したいのは子供の性別比である。官僚階層の男女比はほぼ二対一で庶民階層はほぼ三対一の割合である。生物学的にいえば、生まれてくる子供の性別はやや男児が多いものの、さほどの差は出ない。したがって性別比はおおよそ一対一になるはずである。けれどもここでみてきた性別の人数差はかなり大きい。とすれば史料上に現れたこのような差は人為的なものだと考えねばなるまい。そうして推測される最大の要因は、序章でもみたように、史料に与えられているバイアスである。史料には男尊女卑の規範に沿って女性の記録は少なかった。その視点に立つと、二分の一でも三分の一でも女性が書かれていることの方を評価しなければならない。やはり小説史料は女性の活躍を知るために有効な史料なのである。ただしこの性別比が現実をどう反映していたかは別の問題であり、それは後述する。

次に宋代の家族規模について考えよう。

三――宋代の家族規模

ここでは『夷堅志』を題材にして『広記』と同様に分析してみる。全部で二三七例であるが、世帯とみられる例が一一例ある。またここには僧侶・道士の家族が四例、階層不明なもの一七例が含まれている。僧侶・道士の場合は妻帯しない者もおり、とりあえず除外する。構成を把握できる家族数は、全体で二〇五となる。『広記』の一・七倍ほどの記事の量である。これらの具体的な記事をあげて、人数の数え方などを紹介してもよいが、分析方法は『広記』と同じなのでそれは省略し統計表[表2]だけを掲げることとする。

◈家族規模の数値

『夷堅志』に記された家族のデータは以下の通りである。

登場する家族数は全体で二〇五、家族構成員の総数は八六五人、したがって一家族の家族員数平均は四・二人である。もう少し詳細にみると、官僚などの家は四・八人、富民は四・四人でいずれも唐代よりも少ない。それに対して庶民階層は三・七人で、唐代より〇・一人多い。この差は誤差の範囲かもしれない。他方、上流階層と比べれば一・一人少ない。また子供がいる家族の割合は唐代と宋代の官僚などではほぼ同じであるが、富民や庶民階層ではかなり増加している。これが庶民階層の家族数の多さを支えている要因であろう。宋では子供を求める志向が一般化していた可能性があり、興味深い動向である。

◈性別比の問題

一方、家族を構成する人数が減っている要因として提示できるのは女性の数が少なくなっているという事実である。この統計では男女比の全体は数えていないが、子供の男女比をみれば一目瞭然である。男児二七一人に対して女児六二人であるから女児は子供全体の一九パーセントに過ぎない。唐代の例では男児一五四人に対して女児七五人で、女児は子供全体の三三パーセントであった。唐代から宋代に時間が経過するにともなって女児の割合がほぼ半分になった計算である。これをどう考えたらよいのであろうか。その一つの要因は男尊女卑のバイアスが宋代にはいっそう大きくなったと考えられることである。このことはさきにあげた『宋史』の人口統計で女性が数えられていなかった事実を思い出すだけでも、ある程度まで理解できる。また『夷堅志』に登場する女性の絶対数が少ないことも序章でみたところであった。

あるいは宋代思想史の知識をお持ちの方なら朱子学の影響ではないかと考えられるかもしれない。たしかに朱子学は南宋の時代に確立し、その後の思想界に大きな影響を与えた。彼はその主張のなかで男性中心の思想を強調したのも事実である（佐々木愛「伝統家族イデオロギーと朱子学」）。

［表2］宋代の家族規模

A 上流階層

官僚など	家族数　92	総人数　443 人 1 家族平均 4.8 人	うち子供数 195 人（男 147 人　女 37 人） 子供数平均 2.1 人　（男 1.6 人　女 0.4 人）
	子供がいる家族 76（83%）		子供数平均 2.6 人　（男 1.9 人　女 0.5 人）
富民など	家族数　13	総人数　57 人 1 家族平均 4.4 人	うち子供数 29 人　（男 23 人　女 5 人） 子供数平均 2.2 人　（男 1.8 人　女 0.4 人）
	子供がいる家族　同上		
合計	家族数　105	総人数　500 人 1 家族平均 4.8 人	うち子供数 224 人（男 170 人　女 42 人） 子供数平均 2.1 人　（男 1.6 人　女 0.4 人）
	子供がいる家族 89（85%）		子供数平均 2.5 人　（男 1.9 人　女 0.5 人）

B 庶民階層

合計	家族数　100	総人数　365 人 1 家族平均 3.7 人	うち子供数 140 人（男 101 人　女 20 人） 子供数平均 1.4 人　（男 1.0 人　女 0.2 人）
	子供がいる家族 81（81%）		子供数平均 1.7 人　（男 1.2 人　女 0.2 人）

しかしもう少し考えてみると、朱熹の生没年は一一三〇～一二〇〇年であり、『夷堅志』の著者洪邁は一一二三～一二〇二年で、ほとんど同年代である。とすると朱子学の思想が広がりつつあったことは事実であるとしても、それが社会全体に浸透していたとはいえないであろう。朱子学が定着するのはもっと後の時代である。『夷堅志』の女性の少なさはもう少し検討する余地がある。

もし宋代にバイアスが強まり、実際に女児がいるのにもかかわらず、史料に書き残さなかったとするとかなり不自然である。『夷堅志』は著者・洪邁が知人から聞き集めた話が主体であり、また聞きした人も含めればかなりの数の人が協力していた。彼らの大部分が女児を子供の数に入れなかったと仮定するのは無理であろう。政府が一元的に主導する人口調査でそのような調整がおこなわれたとしても、『夷堅志』という小説史料で同じような調整がおこなわれていたとみることはできない。ある程度女児が無視されるのは当然としても、もう少し現実を反映していてもよいと考える。つまり『夷堅志』は実際に女児が少なかった事実をかなり正確に表していたのではないだろうか。ではなぜ女児が少なかったといえるのか。

四――「溺女」あるいは産児制限の方法

そこで思い出されるのは現代中国で一人っ子政策がおこなわれていたときのことである。最初に生まれた子が女児の場合、秘密裡に二人目の子を妊娠して男児を期待した人が多くいるというニュースがあった。内密に生まれた子は戸籍に登録されない「黒孩子」とよばれ、無戸籍児となった。あるいは最初の女児を殺してまで男児を求める人がいたという事実や男児を誘拐して売買するという犯罪の盛行も明らかになっている。ここから、現代であっても自分の後継ぎとなる男児を求める風潮がなお根強く残存していることがわかる。それは唐宋時代以前から通底する思考ではあるが、宋代以降いっそう強まっていた印象がある。それを示す例が「溺女」といわれる風潮の存在である。

◈「溺女」とは

「溺女」という言葉は、生まれた直後の女児を水に漬けて殺すという意味である。日本では「間引き」といい、貧困な家など子供を育てられない条件がある場合に実施された。いずれも科学的理解が進んでいなかった時代の産児制限法である。結果として人口が抑制された一方で、女児を殺す例が多ければ男女比のアンバランスを生み出した。

この問題について、中国史学では古くから研究されており、その理由も多く数え上げられている。古くは曽我部静雄氏の研究がよく知られているが（「溺女考」）、近年でも小川快之氏の清代の研究がある（「清代江西・福建における『溺女』習俗と法について」）。それらの研究によれば「溺女」の誘因は貧困はいうまでもないが、重税、多額の婚姻費用の負担、財産分与の問題などさまざまである。また地域による習俗の違いもあった。おおむね江南の習俗とされており、子供の数を「二男一女」に調整する例が多いという。その史料を一例だけあげておく。

……王天麟がいう。鄂《がく》州（現在の湖北省）近辺の愚民には、二男一女だけを養育し、これを越えたら殺し、とりわけ女児を養育するのを嫌う習俗がある。このため民間では女が少なく、独身男が多い。生まれたとき冷水に漬けて殺すのである。……

（『経進東坡文集事略』巻四六「朱鄂州に与える書」）

これは官僚で詩人としても有名な蘇東坡（一〇三七～一一〇一年）が王天麟から聞いた話を鄂州知事の朱寿昌に伝え、このような習俗をやめさせてほしいと訴えたものである。こうした習俗は現在の福建省や江西省に該当する地域などでも盛んだったという。ここでは『夷堅志』に載せられている史料を少し紹介してみる。

南城県（現在の江西省）の鄧礼は子供を産み、農業労働者・周僕の妻高氏を雇って乳母とした。……そのとき高氏の夫はすでに亡くなっていた。高氏はゴロツキたちと通じて妊娠してしまい、訴訟沙汰になるのを心配して、嬰児を溺殺した。……（その娘は）嫁いで女児を産んだが、それまでにも女児を産んでおり、また貧乏でもあったので、これを水に漬けて殺した。……

（『夷堅支甲』巻六「高・周の二婦」）

この話では母も娘も嬰児殺しをおこなっていた。理由は不慮の妊娠と貧困およびすでに女児がいたことであった。話の主題はこの母・娘が嬰児殺しの寃（恨み）を受けたというものであり、嬰児殺しをやめるよう諭す内容である。為政者や知識人たちが嬰児殺しをなくそうとしていたことがわかるが、逆にいえばそれだけこの習俗が一般的だったことを示している。ここでは性別不明の嬰児と女児を溺殺した話であるが、女児であるがゆえに溺殺したという話もある。

婺《ぶ》源《げん》県（現在の江西省）の農民・江四は代々の農家でたいへん豊かであった。けれども行動は無頼で、……妻は初産で娘を得たが、怒って嬰児をたらいの水に投げ込んだ。しばらく生きていたが、……

（『夷堅支庚』巻一〇「江四の娘」）

この話も、後になって、殺した嬰児の冤(恨み)を受けるというもので、嬰児殺しをやめさせようとする意図が見えている話である。このように多くの場合は女児を殺したので「溺女」という呼称が広がっていた。しかし意図的に男児を殺した例もあった。

政和年間(一一一一～一八年)、科挙受験生の李弼《ひつ》・翁楶《せつ》・黄崇の三人が建州(現在の福建省)からいっしょに上京した。……さて黄崇の母はすでに亡くなっており、父は六十歳を過ぎて妾を買い、妊娠させた。……妾は男児を産んだ。……黄崇は男児を受け取ると、酒造り用の樽の中に投げ込んで溺殺した。父は涙を拭うのみであった。思うに黄氏の資産はやや豊かで、黄崇は嬰児が成長したとき必ず財産分けを求めるであろうことを恐れ、このように乱暴なおこないをしたのであろう。……

(『夷堅丁志』巻五「三人の士が相を問う」)

この話では妾腹の男児が成長した後、家産分割を要求するだろうことを恐れた嫡男が、男児を溺殺したのであった。中国の遺産分割は男子均分の原則に従っておこなわれ、嫡子・庶子を問わず男子であれば遺産を受け取ることができたのである。

以上のように理由はさまざまであるが嬰児とくに女児殺しがおこなわれており、為政者たちはこの習俗をなくしたいと考えていた。しかしこの習俗は根強く、明清時代にも引き継がれ、さらに現代にまで影響を及ぼし続けているのだ。とすれば宋代の社会でも実際に女児の数は少なかったと考えられ、それは前述の通り『夷堅志』の女児数統計に反映されていた。ただ厳密に考えて、どの程度少なかったのかはもう少し検討が必要である。本章での議論は小説史料から読み取った数値をもとにして考えてきたのみであった。

おわりに

本章では小説史料から家族の規模を考え、その構成人数を数えるという方法を探ってみた。その結果、敦煌戸籍とは一致しないものの、正史の人口統計から割り出した一般的な数値とさほど差がないものとなった。かなり手間がかかる作業ではあったが、データの一つとしては有効であろう。このように唐宋時代の家族規模は二世代で少なくとも五人の核家族が標準であった。上流階層と庶民階層を分けてみれば経済力の差が反映されるものの、基本的家族像には違いがなかった。他方、この方法で把握できたのは家族の規模ばかりではなかった。家族内での男女比のアンバランスがあることも把握できた。

◈男女比のアンバランス

このことはさらに人口全体の性別アンバランスにもつながっている。とすれば地域社会全体で女性の数が少なくなっており、何らかの問題を引き起こしていたとみられる。その一つが蘇東坡が指摘した独身男性の多さ、つまり嫁不足であった。この状況は明清時代になるとさらに明瞭になり、女性不足を大きな要因として、妻を売り(売妻)、貸し出し(租妻)、あるいは質に入れる(典妻）慣習が広がっていたという。岸本美緒氏が明清の法律との関連で研究したところである（「妻を売ってはいけないか？」）。つまり結婚できない男が自分の子供を産ませるなどの目的で他人の妻を借りる、あるいは求めに応じて妻を質に入れたり、売ったりする慣習である。こうした行為は不道徳とみなされていながらも「かなり平然と行われていた」という。人為的な性別の選択はこのような社会のあり方にまで到達していた。

見方を変えれば、女性は差別されながらも、一方で子供を産む性としての必要性が認められた存在であった。それだけ希少価値があり地位が高かったともいえる。1章でみたような、離婚・再婚を繰り返す女性はこの必要性を一つの背景にして自己主張していたのではなかっただろうか。

◈世帯の管理

他方ここでみてきた家族は血縁者のみで構成される家族であり、隷属民や使用人は除外してきた。それらを含むとすれば六〇人や一〇〇人の世帯となる。官僚など上流階層の家族はおおよそこのような世帯で生活していたと考えられる。その場合、妻は家内部の女たちを管理し、夫は国家の職務を担うほか、対外関係や生業、たとえば荘園経営などを担当していたのであった。このことは私がさきに研究した家族と世帯の関係に関する研究から明らかになっていた（『唐宋時代の家族・婚姻・女性』終章）。この、いわば夫婦間での内・外分業は唐代よりも宋代に明確になっていた。

妻の地位がより強く保障されるとともに、その果たすべき役割も確立されていったのである。本章での検討結果はこうした問題の理解にもつながっていた。

【参考文献】

池田温『中国古代籍帳研究』東京大学出版会、一九七九年。

翁育瑄「唐代の家族」小浜正子ほか編『中国ジェンダー史研究入門』京都大学学術出版会、二〇一八年。

大澤正昭『唐宋時代の家族・婚姻・女性』明石書店、二〇〇五年。

小川快之「清代江西・福建における『溺女』習俗と法について」山本英史編『中国近世の規範と秩序』東洋文庫、二〇一四年。

岸本美緒「妻を売ってはいけないか？」『礼教・契約・生存——明清史論集3』研文出版、二〇二〇年（一九九八年初出）。

佐々木愛「伝統家族イデオロギーと朱子学」小浜正子ほか編『中国ジェンダー史研究入門』京都大学学術出版会、二〇一八年。

佐竹靖彦「宋代の家族と宗族」東京都立大学『人文学報』二五七号、一九九五年。

曽我部静雄「溺女考」『支那政治習俗論攷』筑摩書房、一九四三年（一九三五年初出）。

梁方仲『中国歴代戸口、田地、田賦統計』上海人民出版社、一九八〇年。

結びに代えて

本書では唐宋時代の妻と娘についていくつかの視点から紹介してきた。また関連する史料に語ってもらいながら問題を考えてきた。何らかの結論を求められるような議論を展開してきたわけではないので、ここで内容について繰り返す必要はないと思う。ただ多少、補足しておきたい点もあり、以下に記すこととする。

◈妻たちを支えたもの

さて全体を振り返ってみれば、妻と娘の歴史的な位置がかなり明らかになってきた。とくに本書で取り上げてきたのは多くの「強い妻たち」であった。では彼女らの強烈な自己主張(利己主張も含むが)を支えた拠り所は何であったのだろうか。自分の生存が保障されずに自己主張すること、たとえば〈どうしても譲れない一線〉を守るための〈生死を賭けた闘い〉の機会はめったにないだろうから、彼女らは何らかの生きてゆく拠り所を持っていたはずである。それは何であったのか少し考えてみたい。まず各章で少しずつ触れてきた問題を思い起こしてみる。

◈各章での議論

序章とコラム1では妻と生業との関係を紹介した。たとえば農家経営の「農」と「桑」の二本柱のうち妻などの女性が担う「桑」部門——ときには副業と位置づけられるが——の持つ意味は時代とともに重要性が増していた。また、製粉業・酒造業のような寡婦や女性にも取り組みやすい物流関係の生業があったことなどを確認した。1章の離婚・再婚を繰り返す女性の存在は、終章でみた、産児制限による性別比のアンバランスが影響していたことを抜きにしては理解できない。それが間接的にではあれ彼女らの立場の強さを支えていた。2章で袁采があげていた「賢夫人」の例からは、必要となれば夫や息子に取って代わって生業を維持できる妻がかなり存在していたことが理解できた。家のうちに押し込められていてもその能力を失ってはいなかった。そうした具体例の一つが4章の官八七嫂であった。王朝の側からみれば違法な活動であっても、生業であることには変わりがない。また3章では妻の実家である「妻族」や「妻家」が結婚後の妻を支える存在であったことがわかった。それを一つの基盤として、彼女らは「嫉妬」を武器に自己主張をおこない、夫を動かそうとしていた。このように妻たちには、一人でも生きていける拠り所——個人の能力のほかに、生業、商業などの物流関係、「妻族」「妻家」、社会的評価などがあった。これは娘たちにも継承される。5章での遺産分割に対する娘たちの水面下での自己主張は、それが法律に反映された例であろう。

◈庶民階層でも

以上は上流階層の妻たちが主人公である場合が多かった。生業の維持や妾との争いは、家族というよりは世帯の問題である。これに対して、庶民階層の妻は世帯とは関係がない。しかし活躍の場がないということではなかった。むしろより直截的に彼女らの能力が発揮されていた。たとえば農家経営の一翼を担う彼女らの役割は農業においても副業においても、無視できないものとなっていた。また性別比のアンバランスが社会全体に広がれば、女性人口の少なさが問題になる。それは彼女らの存在意義を増す方向に結びつくであろう。これらが庶民の妻の強さの背景にあったと考えられる。このように妻や娘たちは、歴史の経過とともに強まる差別や圧力に抵抗し、また妥協しつつ、したたかに生き抜く知恵を兼ね備えていったのではなかろうか。

◈法律でも

こうして、上流・庶民階層を問わず、女性の存在感は増していた。それは国家が定める法律にも現れていた。5章で法文全体を引用した唐令の一条、離縁のための「七出」条件は、夫の側に立って離縁を認める条件とされている。しかし、実際は夫の自由な離縁にきびしい制約を与えるものでもある。夫の好き勝手に離縁はできず、七項目のどれかに当てはまらなければ離縁は認められないのである。おまけに「三不去」という離縁を承認できない条件が付随していた。〈内助の功〉があった場合や離縁した妻の帰る家がない場合など、離縁ができないのであった。まさに妻の立場に配慮した条件である。やはりこの法令は、夫主導の離縁に対する妻たちの反抗を、最初から想定していたのではなかったのだろうか。〈鶏と卵〉の関係なのでどちらが先だったかはわからないけれど。

◈婦《つま》は強かった

このような妻の強さは統治者である王朝にとっては好ましくないものだったに違いない。妻を含む家族内を統治できない夫など、〈愚民〉を善導すべき官僚として不適格だったと判断していた。唐代の官僚の勤務評定にこれが現れてくる。唐代の初め、ある官僚の勤務評定に「婦が強く夫は弱い、内が剛で外は柔である」と書かれていた。この評定は『易経』否の卦にある「内は柔にして外は剛なり」を逆にした表現を用い、弱い夫である当該官僚を批判していたのであった。唐代の初めは3章に述べた「嫉妬する妻」の伝統が生きていた時期であり、王朝としてはこの風潮を抑え込みたかったのであろう。その意図は唐代三百年間を通じてある程度まで成功した。しかし根本的な解決になるはずはなく、依然として社会の底流となっていた。宋代には庶民社会にも通用する言葉になったのであろう。「婦《つま》は強かった」のである。

本書で紹介してきたような視点を取り入れれば、中国の妻と娘たち、さらには女性たちのイメージすなわち歴史像が変わってくるのではないだろうか。本書で提示した結論は唐宋時代という一時期の、ほんの小さな問題提起にすぎない。この見方が説得力を持っているかどうかは読者の判断にゆだねざるを得ない。ただ歴史学の研究とは、史料の読解から出発して新たな歴史像を創造する営為であり、本書ではその一例を提示した。そうしてこれが基本的に愉しい作業であると、いくらかでも諒解していただければこの上なく喜ばしいことである。

研究ガイド――コメントをつけて

本書で述べてきた問題についてさらに考えてみたい人のために、主な先行研究を掲げる。本書の各章で引用したものと重複するが、あらためてまとめておきたい。ただし専門家向きではない本書の性格上、簡略な紹介にならざるを得ず、基本的に論文は引用していない。また、読者の理解を深めるために、私の感想めいたコメントも付け加えておくことをお許しいただきたい。この問題にいくらかでも興味を抱いていただくきっかけになれば幸いである。

A　女性史、ジェンダー史、家族史をめぐって

大澤正昭『唐宋時代の家族・婚姻・女性』明石書店、二〇〇五年。

本書の参考文献として各章で掲げている著書である。実は本書の記述や掲載史料のかなりの部分はこの著書に拠っている。このテーマでの日本における研究はかなり少なく、今後の研究に期待するところが大きい。中国では多数の通史的研究書が出版されているものの、史料や論点は先人の成果――陳東原『中国婦女生活史』(上海商務印書館、一九三七年)、陳顧遠『中国婚姻史』(上海商務印書館、一九三六年)など――を踏襲しているものが多い。また台湾では今世紀に入って

から研究が盛んになっている。今後の研究が待たれる問題はたくさん残されている。

関西中国女性史研究会編『ジェンダーからみた中国の家と女』東方書店、二〇〇四年。

同『中国女性史入門』人文書院、二〇〇五年、増補改訂版二〇一四年。

同書編纂委員会編訳『台湾女性史入門』人文書院、二〇〇八年。

中国史研究において「ジェンダー」という概念を用いて本格的な議論を始めたのは野村鮎子氏などの関西中国女性史研究会であった。そうして『入門』ではこれまでの研究成果を、八つのテーマにまとめ、そのなかの七六項目は見開き二ページに論点をまとめて紹介している。また三三のコラムも興味深い。大学での勉強や講義の参考書として大いに役立つと思われる。

小浜正子ほか編『中国ジェンダー史研究入門』京都大学学術出版会、二〇一八年。

日本では初めての通史的なジェンダー史論集で、執筆者総数二六名がそれぞれの専門分野から最新の知見を整理して紹介している。第一編　通時的パースペクティブでは、古代から現代までを三期に分け、一四篇のテーマと四篇のコラムで各時期の問題を取り上げる。第二編　中国ジェンダー史上の諸問題では四篇のテーマと二篇のコラムで総合的な問題を論じている。この本の中文版・英文版はすでに完成し、日本発のジェンダー史研究論集として注目されるものと思われる。なお、私は本書の序章に掲載した論文を執筆した。

同書所載・翁育瑄「唐代の家族」。

台湾における家族研究を紹介したもの。今世紀になって盛んになった家族史研究の論点と概要を知るのに便利。

同書所載・荒川正晴「敦煌文書にみる妻の離婚、娘の財産相続」。

本書で扱った問題を、敦煌文書に残されていた三種類の「離縁状」を題材に解説・紹介している。

ドロシー・コウ著、小野和子ほか訳『纏足の靴』平凡社、二〇〇五年。

スーザン・マン著、小浜正子、L・グローブ監訳『性から読む中国史』平凡社、二〇一五年。

小浜正子編『ジェンダーの中国史』勉誠出版、二〇一六年。

ジェンダー概念の提起以来、さまざまな視点からの中国史研究が進められている。ここにあげた本は一例である。たとえば、ドロシー・コウ氏は次のように主張する。従来「纏足」は女性に対する抑圧であるという側面ばかりが強調されてきたが、当時の女性にとっての「纏足」という習俗はファッションでもあり、ステイタス・シンボルでもあった、と。そうして著書のなかに美しく刺繍された靴を多数紹介するなど、従来の一面的研究を批判している。このようにジェンダーの視点を導入することによって、従来の歴史像が変えられる可能性が広がっている。今後さまざまなテーマで研究が深められるものと期待される。

B　家族法など法制史研究をめぐって

仁井田陞『唐令拾遺』東京大学出版会、一九三三年、一九六四年復刻版。

仁井田陞著、池田温ほか編『唐令拾遺補』東京大学出版会、一九九七年。

これらは研究書ではないが、法制史分野を研究するためには必備の史料集成である。5章に述べたように散逸した唐令をあらゆる関連史料から蒐集し、元の形を復元しようとした労作である。

律令研究會編『譯註日本律令』V　東京堂出版、一九七九年。

日本律令に対する訳註シリーズのVであるが、内容は滋賀秀三氏が担当した「唐律疏議訳註篇1」で、名例律の部分である。滋賀氏はここで唐律の解題のほか、名例律の諸版本との校合、条文ごとの読み下し、現代語訳、註釈、関連する重要問題についての解説など、きわめて詳細に述べている。律令研究の基礎的業績であり、その後の学界に与えた影響はたいへん大きい。

仁井田陞『中国法制史研究』〈家族村落法〉東京大学出版会、一九六二年。
滋賀秀三『中国家族法の原理』創文社、一九六七年。
高橋芳郎『宋代中国の法制と社会』汲古書院、二〇〇二年。
柳田節子『宋代庶民の女たち』汲古書院、二〇〇三年。

5章で詳しく論じたが、家族法なかでも「女子分法」をめぐって仁井田陞氏と滋賀秀三氏のあいだで論争がおこなわれてきた。最初は滋賀氏の『中国家族法論』に対して仁井田氏が批判するという形で始まった。それに対して滋賀氏がこの著書で全面的に反論するという形で論争は進んだ。ただし滋賀氏の研究は題名の通り「家族法の原理」を解明するという体系的な研究成果であり、その論点の一つが「女子分法」問題であった。明版『清明集』の発見後は、それぞれの立場が柳田節子氏と高橋芳郎氏に継承され、研究が進められた。この問題での私の考え方はすでに述べたとおりである。

他方、私たちの清明集研究会では、訳注作成の合間に仁井田・滋賀両氏の古典的名著とよべる研究を読み合わせて議論したことがあった。そのとき気がついたのは、滋賀氏が現代法学の知識を基礎に、理路整然とした議論を展開しているのに対して、仁井田氏の議論は未整理の部分が多いということであった。ただ仁井田氏は意識していなかったかもしれないが、多くの貴重な論点と史料を提示していたのではないかという点で同意する参加者は多かった。両者の論争では滋賀氏の説に賛同する研究者が多いような印象があるが、私たちは仁井田氏の議論も重要な問題を示唆していると感じた。その意味で、今後仁井田氏の研究を再検討する必要があるという認識で一致したものの、その作業にはいまだ踏み出せていない。

滋賀秀三編『中国法制史　基本史料の研究』東京大学出版会、一九九三年。

中国法制史を研究する際の基本史料二八種について詳細に解説した成果である。本書と関連する項目には「清明集」のほか「故唐律疏議」「唐令」「宋刑統」がある。

川村康ほか『史料からみる中国法史』法律文化社、二〇一二年。

近年、日本でも中国でも法制史研究が盛んになっており、その研究入門書が求められていた。本書は「法史学」「法制史」分野を勉強するための入門書である。全体を四部に分け、法と刑罰、法と裁判、刑事法、家族法のテーマごとに概説し、史料の現代語訳を提示している。最後に「より深く学ぶための書籍目録」が付けられており、これから勉強を深めるためのガイドとなっている。

山本英史編『中国近世法制史料読解ハンドブック』東洋文庫、二〇一九年。

本書は、法学部系の「法史学」に限定せず、より幅広い問題を考えようとする場合のやや高度な入門書である。(公財)東洋文庫の研究班が企画した研究方法の技術的解説書で、漢文史料の初歩的な読解法を、具体的な例をあげて解説する。『清明集』にかぎらず、宋代から近代までの法制史関連史料を取り上げている。内容は、著名な法制史史料の一部を題材とし、解題、史料(原文・訓読・語釈・和訳)、解説、書式、参考文献の各項目で解説している。難解な史料も取り上げているが、学生・院生に役立つ企画であろう。なお『清明集』については青木敦氏が執筆している。なお本書は東洋文庫リポジトリで公開しており、全文を読むことができる。

C 『名公書判清明集』をめぐって

本書で幾度となく引用している『清明集』は、きわめて興味深い内容ながら原文はかなり難解である。これまでに以下の通り七門すべての日本語訳が公開されているので、より深く研究してみたい方は手に取っていただきたい。

梅原郁訳注『名公書判清明集』同朋舎、一九八六年。

明版『清明集』が発見されるまでは静嘉堂文庫所蔵の残本が世界で唯一の版本であった。これを京都大学人文科学研究所の研究班が読解し、梅原氏がそれを整理して出版した。その和訳の妥当性をめぐって高橋芳郎・滋賀秀三氏から批判的なコメントが出され、梅原氏も反論している。梅原・高橋両氏の論争はどちらの説がもっとも妥当なのか、一概には判断できないところがある。今後の研究に待つところも多い。

高橋芳郎『訳注「名公書判清明集」戸婚門』創文社、二〇〇六年。

巻頭で『清明集』に関する基本的知識をまとめて記述していて有用である。同氏の「名公書判清明集」(前掲の滋賀秀三編『中国法制史　基本史料の研究』所収)とともに参照してほしい。

同『訳注「名公書判清明集」官吏門・賦役門・文事門』北海道大学出版会、二〇〇八年。

同『黄勉斎と劉後村　南宋判語の訳注と講義』北海道大学出版会、二〇一一年。

清明集研究会『「名公書判清明集」(懲悪門)訳注稿』(一～五)汲古書院販売、一九九一～一九九五年。

同『「名公書判清明集」(人品門)訳注稿』(上・下)汲古書院販売、二〇〇〇・二〇〇二年。

同『「名公書判清明集」(人倫門)訳注稿』汲古書院販売、二〇〇五年。

同『「名公書判清明集」(官吏門)訳注稿』(上・下)汲古書院販売、二〇〇八・二〇一〇年。

清明集研究会は私たちの会である。三十数年前、語彙などの初歩的な検討から始めた。そのため、初期に公表した「懲悪門」訳注稿には多くの注釈を付けている。実はある研究者から、これは学生のレポートか?と揶揄された。専門家にとっては常識的な語彙にまで注釈を付けていたからである。私たちの不勉強に恥じ入るほかないが、いまとなってみればそれなりに役立つ注釈だとも考えている。また同じような発想で「懲悪門」訳注稿の各巻頭には基本的な工具書をも網羅している。これから研究を始めようと考えている方には有用だと思われる。なお「懲悪門」訳注については、現在、全体を一冊にまとめ、多くの注釈を整理した改訂版を準備している。

『清明集』については、一九九〇年代以降、学界での研究が飛躍的に進み、法制史などの関連する分野で研究論文が多数発表され、新しい知見も増えている。そちらもぜひ参照していただきたい。

大澤正昭編著『主張する〈愚民〉たち』角川書店、一九九六年。

前掲『「名公書判清明集」(懲悪門)訳注稿』を作成していた時の副産物で、一般の読者を対象に書いたものである。当時角川書店におられた故・宮下正彦氏の全面的な援助を受けて完成させた。言葉遣い、表現の統一など、専門の編集者の技術はたいへん勉強になった。内容は研究会の四人(石川重雄・大櫛敦弘・戸田裕司と私)がテーマを分担し、懲悪門の判決文を引用しながら読みやすくまとめた。出版後、某大学の知人から話を聞いたが、ある学生から「中国にはこんな悪い人しかいなかったのですか」と質問されたそうな。この本は「懲悪」つまり「悪を懲らしめる」というテーマに分類された判決文のみを題材にしているので、このような疑問が出たのであろう。

石川重雄『宋元釈語語彙索引』汲古書院、一九九五年。

『清明集』を読む際、最初にぶつかるのは多くの特殊な語彙である。これまでそれらの意味を理解するために多くの研究者が取り組んできた。しかし膨大な研究書のなかから一つの語彙の解釈を探し出すのは骨の折れる作業である。それを簡便にしようとして作られた索引が本書である。本書によって、ある語彙の解説がどの研究書・論文の何頁にあるかを調べることができるようになった。

D　小説史料について

前野直彬『唐代伝奇集』平凡社・東洋文庫、一九六三年。
今村与志雄『唐宋伝奇集』岩波書店、一九八八年。
内田泉之介ほか『唐代伝奇』明治書院、二〇〇二年。
塩卓悟・河合晃太郎『訳注　太平広記　婦人部』汲古書院、二〇〇四年。

唐宋時代の小説類のなかでは唐代伝奇小説とよばれる一群の史料がこれまでよく研究されてきた。ただし歴史学研究の分野ではあまり注目されず、中国文学研究の中心的題材となっていた。それは事実の究明を重んじる歴史学の必然的な対応ではあるが、私は使い方次第で歴史学研究の史料として有効であると考えてきた。それは本書のなかで述べたとおりである。とりあえず小説史料の手に取りやすい和訳をあげておいた。

斎藤茂ほか『「夷堅志」訳注』甲志上〜（以下続刊中）汲古書院、二〇一四年〜。

『夷堅志』については抄訳があるが、全体を和訳するという企画はなかった。近年、この仕事が始められ、訳注が出版されつつある。ただ完結までにはまだ時間がかかりそうである。

E　その他

西田太一郎訳『袁氏世範』創元社、一九四一年。

　戦時中に出版された和訳である。注釈などはほとんど付けられていないが、訳文は的確である。

あとがき

本書は、これまでに発表した六篇の論文と二篇の雑文に、三篇の書き下ろしを加えて編纂したものである。既発表の文章には、今回の編纂の都合で若干書き変えたり、文章を加えた部分もあるが、基本的な構成や論旨にはほとんど変更はない。最初に初出データを掲げておく。

序章　働く女たち
小浜正子ほか編『中国ジェンダー史研究入門』京都大学学術出版会、二〇一八年
コラム1　「織女」の行方　書き下ろし
1章　女が三度も結婚するとは！
上智大学文学部史学科編『歴史家の工房』SUP上智大学出版、二〇〇三年
コラム2　夫は「痴愚」か？
上智大学編『ソフィア』二〇六号、二〇〇三年
コラム3　中国映画の「黄金時代」　書き下ろし

2章　無能な夫を持つ妻は……
上智大学文学部史学科編『歴史家の散歩道』SUP上智大学出版、二〇〇八年
コラム4　『袁氏世範』の「超訳」に挑戦　今泉牧子と共著『ソフィア』二三五号、二〇一二年
3章　「酢を飲む」妻と恐妻家
上智大学文学部史学科編『歴史家の調弦』SUP上智大学出版、二〇一九年
4章　女親分《ボス》もいた
上智大学文学部史学科編『歴史家の窓辺』SUP上智大学出版、二〇一三年
5章　娘たちに遺産はいらない？　書き下ろし
終章　唐宋時代は何人家族？
大澤「唐宋変革期における家族規模と構成」（『唐代史研究』第六号、二〇〇三年）
および『唐宋時代の家族・婚姻・女性』三章を改定

ご覧のように1〜4章は上智大学文学部史学科が編纂した論文集に発表したものである。この論文集編纂の主な目的は、新入生向けのカリキュラム「歴史学入門演習」（通称「入門ゼミ」）でテキストとして使うことであった。まだ専門分野を決めていない学生に幅広い分野の論文を読ませることで、先行論文の読み方を指導し、また自分の専門を選ぶ際の参考にしてもらうことをねらっていた。したがって平明な文章で書き、かつ専門の勉強のイメージを持てるものとしなければ

ばならなかった。また中国史専攻に学生を呼び寄せるために、この分野の魅力もわかりやすく打ち出す必要があった。上智大学は横文字イメージが強く、最初から中国史を選ぼうという学生は少なかったのである。そこで論文の題名にくだけた表現を使うなど、思い切った工夫をこらしてみた。私の論文がこれらの目的を果たせたかどうかははなはだ心もとないけれども、なんとか書き上げた論文であった。

これらは専門の研究でもないので、通常であればこのままUSBのなかで眠らせておいたのかもしれない。しかし一方ではそれなりに苦労して書いたという思い入れもあり、多少もったいないような気もしていた。そんなとき序章に掲げたジェンダー史の論文が刊行された。そこでこれと併せて一冊の本にしてみようと考えたのである。いちおうの形を整えて東方書店に相談したところ、全体の分量が足りないとのことだったので、古い論文を読みやすく改定したものと、新たなテーマで書き下ろしたものおよびコラムに入れておきたかった雑文を探し出して付け加えてみた。これが本書出版の経緯である。大半の文章はこれまでの研究成果をもとにしたもので、内容はあまり変わってはいない。けれども原稿をまとめる過程でいくつか補足すべき史料や論点に気がついたこともあり、旧稿を訂正し多少の史料を補足した部分もある。

ここで想定した読者層は、主体となる論文に即して大学受験生から新入生以上、一般の方としている。日頃専門の論文は書いているものの、一般向けの本を書いた経験は多くない。しかし研究の成果をわかりやすく書いた本は積極的に出すべきだと考えていた。こうした考え方を教示されたのは故・矢沢利彦氏（埼玉大学名誉教授）で、私の埼玉大学教養学部での前任者である。先生は、大学で教える教養とは、最先端の研究をわかりやすく学生に伝えることです、といわれた。これはいわゆるリベラル・アーツ、大学における教養教育の精神なのであろう。もちろんそれは大学に限らず、専門の研究成果を社会全体に発信する際の心構えである。確かに先生の著作にはそのような内容のものが多かった。イエズス会宣教師がヴァティカンに送った書簡類をもとに、当時の中国事情をまとめた先生の諸研究は、学界に大きな影響を与え続けている。それは中世ヨーロッパの言語を用いた難解な報告書を読み解き、そこから豊かな内容を汲み出し、学界全体にわかりやすく提示された業績であった。こうした研究活動を支えていたのがリベラル・アーツの精神だったのだろう。私も、みずからの未熟さをかえりみず、本書においてこの考え方の何十分の一かを実践してみたかったのである。この願望がどの程度達成できたかわからないが、私なりに一つの社会的責任を果たしたと思っている。

原稿執筆中は、まさに新型コロナ流行の波が押し寄せてきている時期であった。いまもまだ終息の気配は見えない。これまでの人生でまったく予想もできなかった事態に直面し、政府の無為無策もあって、自衛のために家に閉じこもらざるを得なかった。当初は研究会も趣味の会もすべて「自粛」という名であきらめざるを得なかった（いまはリモートでの研究会に出ているが）。ただ与えられた時間は十分にあったし、押し付けの「自粛」に縮こまってばかりいるのも癪のタネである。なんとかこの時間を活用できないかと「天の邪鬼」精神がうごめき始めていた。そうして「ころなでもただでは起きぬ」と思い立ち、コロナとの〈闘争記念〉に何らかの成果をまとめてみようと決めた。かくて我ながら驚くほどの短時間で原稿をまとめ上げることができた（背中と腰の筋肉が悲鳴を上げているけれど。嗚呼）。

ともあれ、本書所収の諸論文の意図はすべて共通している。本書をお読みいただいた方々は、私のこのようなささやかな願いに共感していただけたであろうか。また何らかの「疑問点・論点」をお持ちになったであろうか。もしいくらかでも中国史や女性史に関心を持たれた方がおられれば、このうえなくうれしいことである。これからぜひ勉強を始め、あるいはさらに研究を続けていただきたい。その手がかりとして、読みやすく、手に入れやすい本の解説を「研究ガイド」として提示した。ここからさらに研究への入り口をお探しの方は大学や研究機関に問い合わせてほしい。必ず教えてくれるはずである。それに限らず、本書の内容についてどんなことでもご意見、ご感想をいただければ、本当にありがたいことである。

末筆ながら、本書の刊行にあたって東方書店の家本奈都さんにはたいへんお世話になったことを記しておきたい。家本さんは本書の最初の読者として、きわめてていねいに原稿に目を通してくださり、貴重なコメントをいただいた。おかげでいくつかの誤りに気がついたし、また粗忽な説明にも思い至り、手を加えることができた。そうして本書の内容がいくらかは理解しやすいものになったと思われる。ご苦労に心から感謝申し上げたい。

二〇二一年正月　武蔵国大久保村　愛日書屋にて　　大澤正昭

家父長制の残滓に抗って生きた亡母を偲んで

記憶手繰りやうやうおへし梅仕事

熱き飯にのせる筋子《すずこ》の飴の艶

手に冷たき洗濯物よ妣の手よ

東方選書 55

妻《つま》と娘《むすめ》の唐《とう》宋《そう》時《じ》代《だい》 史《し》料《りょう》に語《かた》らせよう

二〇二一年七月二〇日 初版第一刷発行

著 著……大澤正昭
発行者……山田真史
発行所……株式会社東方書店
東京都千代田区神田神保町一-三 〒一〇一-〇〇五一
電話(〇三)三二九四-一〇〇一
営業電話(〇三)三九三七-〇三〇〇
ブックデザイン……鈴木一誌・吉見友希
組 版……大連拓思科技有限公司
印刷・製本……(株)シナノパブリッシングプレス
定価はカバーに表示してあります

ISBN 978-4-497-22110-0 C0322